学前教育原理形成性练习册

（第二版）

主　编　傅建明

华东师范大学出版社

·上海·

目录

① **形成性练习题** 1

- 1　第一章　教育、学前教育及发展
- 9　第二章　学前教育与儿童发展
- 31　第三章　幼儿园教育
- 47　第四章　生活指导
- 63　第五章　环境创设
- 73　第六章　游戏指导
- 85　第七章　教育活动指导
- 105　第八章　幼儿园·家庭·社区·小学
- 113　第九章　幼儿园教师

② **仿真模拟练习题** 135

- 135　仿真模拟练习1
- 141　仿真模拟练习2
- 147　仿真模拟练习3
- 153　仿真模拟练习4
- 159　仿真模拟练习5
- 165　仿真模拟练习6

③ **参考答案** 171

图书在版编目(CIP)数据

学前教育原理形成性练习册/傅建明主编.—2版.—上海:华东师范大学出版社,2024
ISBN 978-7-5760-4910-7

Ⅰ.①学… Ⅱ.①傅… Ⅲ.①学前教育-教育理论-幼儿师范学校-习题集　Ⅳ.①G610-44

中国国家版本馆 CIP 数据核字(2024)第 087388 号

学前教育原理
形成性练习册(第二版)

主　　编　傅建明
责任编辑　李　琴
责任校对　时东明
装帧设计　庄玉侠

出版发行　华东师范大学出版社
社　　址　上海市中山北路3663号　邮编 200062
网　　址　www.ecnupress.com.cn
电　　话　021-60821666　行政传真 021-62572105
客服电话　021-62865537　门市(邮购)电话 021-62869887
地　　址　上海市中山北路3663号华东师范大学校内先锋路口
网　　店　http://hdsdcbs.tmall.com

印 刷 者　浙江临安曙光印务有限公司
开　　本　787毫米×1092毫米　1/8
印　　张　16.5
字　　数　407千字
版　　次　2024年5月第2版
印　　次　2024年5月第1次
书　　号　ISBN 978-7-5760-4910-7
定　　价　36.00元

出版人　王　焰

(如发现本版图书有印订质量问题,请寄回本社客户服务中心调换或电话 021-62865537 联系)

姓　名：_____
学　号：_____
得　分：_____
教师签名：_____

形成性练习题

第一章　教育、学前教育及发展

一、选择题（每小题3分）

1. 被誉为20世纪初的"幼儿园改革家"的是（　　）。
   A. 杜威　　　B. 卢梭　　　C. 蒙台梭利　　　D. 洛克
2. 提出"父母是孩子的第一任教师"主张的教育家是（　　）。
   A. 蒙台梭利　　B. 福禄贝尔　　C. 陈鹤琴　　　D. 陶行知
3. 被称为"教育史上的哥白尼"和"现代教育之父"的教育家是（　　）。
   A. 杜威　　　B. 蒙台梭利　　C. 福禄贝尔　　D. 夸美纽斯
4. 陈鹤琴提出的五指活动指的是（　　）。
   A. 儿童健康活动、儿童社会活动、儿童科学活动、儿童艺术活动、儿童文学活动
   B. 儿童语言活动、儿童社会活动、儿童科学活动、儿童美术活动、儿童音乐活动
   C. 儿童常识活动、儿童社会活动、儿童科学活动、儿童艺术活动、儿童文学活动
   D. 儿童体育活动、儿童语言活动、儿童科学活动、儿童艺术活动、儿童文学活动
5. 我国第一所公立幼稚师范学校——江西实验幼师的创办者是（　　）。
   A. 陈鹤琴　　B. 陶行知　　C. 黄炎培　　　D. 张雪门
6. 世界上第一部论述学前教育的专著是（　　）。
   A.《母育学校》　B.《爱弥儿》　C.《社会契约论》　D.《学记》
7. 创建"活教育"体系的教育家是（　　）。
   A. 陈鹤琴　　B. 福禄贝尔　　C. 杜威　　　　D. 蒙台梭利
8. 教育内容既要符合幼儿已有的发展水平，又要能促进其进一步发展。这符合（　　）。
   A. 发展适宜性原则　　　　B. 价值性原则
   C. 基础性原则　　　　　　D. 兴趣性原则
9. 卢梭教育理论体系中一个最基本的思想是（　　）。
   A. 提出了"社会本位论"的儿童观
   B. 提出了"白板理论"
   C. 把儿童当作儿童来看待，把儿童看作教育中的一个积极因素
   D. 提出了"文化—历史"理论
10. 陶行知的生活教育理论注重"教学做"合一，强调（　　）。
    A. 做是中心　B. 学是中心　C. 教与学是中心　D. 教是中心
11. 杜威认为，学校生活的组织中心是（　　）。
    A. 教材　　　B. 家长　　　C. 教师　　　D. 儿童
12. "我敢说我们日常所见的人中，他们之所以或好或坏，或有用或无用，十分之九都是他们的教育所决定的。"这一教育观点出自（　　）。
    A.《爱弥儿》　　　　　　B.《教育漫话》
    C.《大教学论》　　　　　D.《普通教育学》
13. 班杜拉的社会学习理论认为（　　）。
    A. 儿童通过观察和模仿身边人的行为学会分享
    B. 操作性条件反射是儿童学会分享的重要学习形式
    C. 儿童能够学会分享是因为儿童天性本善
    D. 儿童学会分享是因为成人采取了有效的惩罚措施
14. 陶行知提出的"六大解放"指向的是（　　）。
    A. 解放儿童的观察力　　　B. 解放儿童的体力
    C. 解放儿童的智力　　　　D. 解放儿童的创造力
15. 教师拟定教育活动目标时，以幼儿现有发展水平与可以达到水平之间的距离为依据。这种做法体现的是（　　）。
    A. 维果茨基的最近发展区理论　　B. 班杜拉的观察学习理论
    C. 皮亚杰的认知发展理论　　　　D. 布鲁纳的发展教学法
16. 教育活动与其他社会活动的本质区别在于（　　）。
    A. 教育是一种培养人的活动　　　B. 教育是一种实践性活动
    C. 教育强调儿童的主动模仿　　　D. 教育强调师生相互促进
17. 下列各项中，决定学龄儿童受教育权的是（　　）。
    A. 经济发展　B. 文化水平　C. 人口状况　D. 政治制度
18. 改革开放以来，我国教育事业发展的规模和速度取得了举世瞩目的成就。获得如此成就的主要因素是（　　）。
    A. 经济发展　B. 文化水平　C. 人口状况　D. 政治制度
19. "建国君民，教学为先""化民成俗，其必由学"揭示了（　　）。
    A. 教育与政治的关系　　　B. 教育与经济的关系
    C. 教育与文化的关系　　　D. 教育与科技的关系
20. 下列关于我国幼儿园教育性质的描述，其中错误的一项是（　　）。
    A. 幼儿园教育是启蒙教育　　　B. 幼儿园教育是义务教育
    C. 幼儿园教育是基础教育　　　D. 幼儿园教育是全面发展的教育
21. 创立了精神分析理论的心理学家是（　　）。
    A. 弗洛伊德　B. 埃里克森　C. 斯金纳　　D. 桑代克
22. 斯金纳操作条件反射学习理论的核心是（　　）。
    A. 动机　　　B. 练习　　　C. 强化　　　D. 反馈

23. 文化历史理论代表人物维果茨基认为,学生的发展有两种水平:一种是学生的现有水平,指独立活动时能达到的解决问题的水平;另一种是学生可能的发展水平,也就是通过教学获得的潜力。两者之间的差异就是( )。
   A. 同化　　　　B. 最近发展区　　C. 顺应　　　　D. 平衡

24. "成熟势力说"的创始人是( )。
   A. 柏拉图　　　B. 格塞尔　　　　C. 华生　　　　D. 皮亚杰

25. "白板说"的代表人物是( )。
   A. 华生　　　　B. 杜威　　　　　C. 布鲁纳　　　D. 洛克

26. 我国创办的第一个幼儿教育机构是( )。
   A. 南京乡村幼儿园　　　　　　　B. 湖北武昌的湖北幼稚园
   C. 北平香山幼稚园　　　　　　　D. 上海正蒙书院的蒙养院

27. 我国教育家陶行知认为幼儿教育应解放儿童的( )。
   A. 主动性　　　B. 活动　　　　　C. 兴趣　　　　D. 创造力

28. 卢梭在《爱弥尔》提出并详细地阐述他的教育理论。这种理论是( )。
   A. 社会学习论　B. 自然教育论　　C. 感官教育论　D. 心理成熟论

29. 人类的教育活动,目的越是明确具体,达成的可能性就越大,就越能调动更多人的积极性。这体现了教育目的的( )。
   A. 规范功能　　B. 激励功能　　　C. 选择功能　　D. 评价功能

30. "君子欲化民成俗,其必由学乎""古之王者,建国君民,教学为先"体现的教育目的观是( )。
   A. 教育无目的论　B. 社会本位论　　C. 科学本位论　D. 个人本位论

31. 主张"生活教育"理念,创办中国化、平民化的幼稚园,建立生活教育课程理论体系的是( )。
   A. 陈鹤琴　　　B. 张宗麟　　　　C. 张雪门　　　D. 陶行知

32. "父母是孩子的第一任老师,父母若放任孩子不管,孩子恶习一旦养成,学校不知要花多少时间和精力来对他进行'再教育',这对孩子、家庭和学校都是巨大的损失。"提出这个观点的教育家是( )。
   A. 蒙台梭利　　　　　　　　　　B. 福禄贝尔
   C. 苏霍姆林斯基　　　　　　　　D. 克鲁普斯卡娅

33. "人生两样宝,双手与大脑。用脑不用手,快要被打倒。用手不用脑,饭也吃不饱。手脑都会用,才算是开天辟地的大好佬"这首儿童诗的作者是( )。
   A. 张宗麟　　　B. 陈鹤琴　　　　C. 张雪门　　　D. 陶行知

34. 下列心理学家中,持"遗传决定论"观点的是( )。
   A. 霍尔　　　　B. 斯金纳　　　　C. 伍德沃斯　　D. 施太伦

35. 提出观察学习概念的心理学家是( )。
   A. 班杜拉　　　B. 斯金纳　　　　C. 华生　　　　D. 皮亚杰

36. 我国最早的幼儿教育实验中心是( )。
   A. 湖北武昌的湖北幼稚园　　　　B. 南京鼓楼幼稚园
   C. 北平香山幼稚园　　　　　　　D. 江西实验幼师

二、简答题(每小题15分)

1. 简述你对杜威关于教育本质的观点的理解。

2. 简述加德纳的多元智力理论的主要观点、智能种类及教育启示。

3. 简述班杜拉社会学习理论的主要观点。

4. 简述教育目的的作用。

5. 简述教育对生产力的促进作用。

三、论述题(每小题 20 分)
1. 实习生小赵发现,在教学活动中,教师总是只请某几个幼儿发言,有些幼儿茫然端坐,从不举手。她疑惑地询问一个不举手的幼儿,得到的回答是:"反正举了手老师也不会请我。"
请从学前教育原则和教育公平的视角论述上述现象。

2. 王小明小朋友的父亲是市政府的领导,衣着打扮得体,文静可爱,聪明智慧,深得班主任陈老师的喜爱,每次活动中总是能够获得优先发言和示范的机会,陈老师经常在班里表扬他。张小春小朋友的父亲是普通工人,生性活泼好动,调皮捣蛋,有时会故意捣乱,这让陈老师非常恼火,因此在教育活动中即使张小春把手举得很高,陈老师也不会让他发言,有时甚至批评他故意捣乱。后来,张小春经常向别的老师和爸爸妈妈说:"王老师不喜欢我。"
请从学前教育原则的角度论述上述现象。

3. 试论述陶行知的幼儿教育思想。

4. 陈鹤琴说过幼儿发展具有整体性。虽然他把幼儿发展划分为健康、社会、科技、艺术、文学等五类,但它们是相互作用的。结合陈鹤琴的观点,分析学习和发展的整体性。

5. 教育与文化相互依存、相互制约。你如何理解?

6. 试论述教育与人口的关系。

四、材料题(每小题 20 分)

阅读材料,回答问题。

材料:

据《光明日报》报道:幼儿的早期教育越来越引起人们的重视。其中,幼儿学外语成为人们关注的热点,上英语兴趣班已成为一些幼儿家长的首选,书店里的幼儿英语教材也越摆越多。有的英语教育机构一套幼儿英语教材要收 5000 多元,有的双语幼儿园半年收英语教材费高达 6800 元。一些家长质疑:幼儿学英语作用究竟有多大?幼儿英语应该怎样学?

问题:

请从幼儿园教育原则的角度回答家长的两个质疑。

姓　名：＿＿＿＿＿
学　号：＿＿＿＿＿
得　分：＿＿＿＿＿
教师签名：＿＿＿＿

第二章　学前教育与儿童发展

一、单项选择题（每小题3分）

1. 根据皮亚杰的理论，儿童能以命题形式思维，则其认知发展已达到（　　）。
   A. 感知运动阶段　　　　　　B. 前运算阶段
   C. 具体运算阶段　　　　　　D. 形式运算阶段

2. 幼儿典型的思维方式是（　　）。
   A. 直观动作思维　　B. 抽象逻辑思维　　C. 直观感知思维　　D. 具体形象思维

3. "童言无忌"从儿童心理学的角度看是（　　）。
   A. 儿童心理落后的表现　　　B. 符合儿童年龄特征的表现
   C. "超常"的表现　　　　　　D. 父母教育不当所致

4. 幼儿道德发展的核心问题是（　　）。
   A. 亲子关系的发展　　　　　B. 同伴关系的发展
   C. 性别角色的发展　　　　　D. 亲社会行为的发展

5. 最有利于儿童成长的依恋类型是（　　）。
   A. 回避型　　B. 安全型　　C. 反抗型　　D. 迟钝型

6. 下列符合儿童动作发展规律的是（　　）。
   A. 从局部动作发展到整体动作
   B. 从边缘部分动作发展到中央部分动作
   C. 从粗大动作发展到精细动作
   D. 从下部动作发展到上部动作

7. 儿童有不知足、不安全、忧虑、退缩、怀疑、不喜欢与同伴交往等特点。据此可以推断其父母的教养方式可能是（　　）。
   A. 放纵型　　B. 专制型　　C. 民主型　　D. 自由型

8. 幼儿掌握科学概念的特点为（　　）。
   A. 可通过日常交往掌握　　　B. 可通过个人积累经验掌握
   C. 需经过专门教学才能掌握　D. 以上都对

9. 妈妈带3岁的岳岳在外度假，阿姨打电话问："你们在哪里玩？"岳岳说："我们去这里玩。"这反映了岳岳思维具有（　　）。
   A. 具体性　　B. 不可逆性　　C. 自我中心性　　D. 刻板性

10. 儿童学习语言的关键期是（　　）。
    A. 0—1岁　　　B. 1—3岁　　　C. 3—6岁　　　D. 5—6岁

11. 幼儿在想象中常常表露个人的愿望。例如，大班幼儿文文说："妈妈，我长大了也想和你一样，做一个老师。"这是一种（　　）。
    A. 经验性想象　　B. 情境性想象　　C. 愿望性想象　　D. 拟人化想象

12. 在学龄前期，（　　）儿童的性别角色的教育对儿童的智力发展和性格发展是有益的。
    A. 强化　　　　　　　　　　B. 适当淡化
    C. 不考虑　　　　　　　　　D. 以上说法都不对

13. 儿童一进商场就被漂亮的玩具吸引，这一刻出现的心理现象是（　　）。
    A. 注意　　B. 想象　　C. 需要　　D. 思维

14. 幼儿意识到自己和他人一样都有情感、有动机、有想法。这反映了幼儿（　　）。
    A. 个性的发展　　B. 情感的发展　　C. 社会认知的发展　　D. 感觉的发展

15. 某5岁儿童画的西瓜比人大，画的两排牙齿在人体上占了大部分。这表明此时儿童画的特点是（　　）。
    A. 感觉的强调和夸张　　　　B. 未掌握画面布局比例
    C. 表象符号的形成　　　　　D. 绘画技能稚嫩

16. 婴儿喜欢将东西扔在地上，成人捡起来给他后，他又扔在地上，如此重复，乐此不疲。这一现象说明婴儿喜欢（　　）。
    A. 手的动作　　B. 重复连锁动作　　C. 抓握动作　　D. 玩东西

17. 幼儿常把没有发生的或期望的事情当作真实的事情。这说明幼儿（　　）。
    A. 好奇心强　　　　　　　　B. 说谎
    C. 移情　　　　　　　　　　D. 想象与现实混淆

18. 适合幼儿发展的内涵是指（　　）。
    A. 追随幼儿的兴趣　　　　　B. 任其自由发展
    C. 跟随幼儿的发展　　　　　D. 适合幼儿发展规律与特点

19. 冬冬边玩魔方边自己小声嘀咕："转一下这面试试，再转这面呢？"这种语言被称为（　　）。
    A. 角色语言　　B. 自我中心语言　　C. 对话语言　　D. 内部语言

20. 有的幼儿擅长绘画，有的善于动手操作，还有的很会讲故事。这体现的是幼儿（　　）。
    A. 能力类型的差异　　　　　B. 能力发展早晚的差异
    C. 能力发展速度的差异　　　D. 能力水平的差异

21. 婴幼儿手眼协调的标志性动作是（　　）。
    A. 无意触摸到东西　　　　　B. 握住手里的东西
    C. 伸手拿到看见的东西　　　D. 玩弄手指

22. 2岁半的豆豆还不会自己吃饭，可偏要自己吃；不会穿衣，偏要自己穿。这反映了幼儿（　　）。

A. 情绪的发展　　　B. 动作的发展　　　C. 自我意识的发展　　　D. 认知的发展

23. 中班幼儿告状现象频繁,这主要是因为幼儿( )。
    A. 道德感的发展　　　　　　B. 羞愧感的发展
    C. 美感的发展　　　　　　　D. 理智感的发展

24. 渴望同伴接纳自己,希望自己得到老师的表扬。这种表现反映了幼儿( )。
    A. 自信心的发展　B. 自尊心的发展　C. 自制力的发展　D. 移情的发展

25. 小班集体教学活动一般都安排15分钟左右,是因为小班幼儿有意注意时间一般是( )。
    A. 20—25分钟　　B. 3—5分钟　　C. 15—18分钟　　D. 10—11分钟

26. 幼儿园促进幼儿社会性发展的主要途径是( )。
    A. 人际交往　　　B. 操作练习　　　C. 教师讲解　　　D. 集体教学

27. 照料者对婴儿的需求应给予及时回应是因为:根据埃里克森的观点,在生命中第一年的婴儿面临的基本冲突是( )。
    A. 主动性对内疚　　　　　　B. 基本信任对不信任
    C. 自我统一性对角色混乱　　D. 自主性对害羞

28. 在婴儿表现出明显的分离焦虑现象时,表明婴儿已获得( )。
    A. 条件反射观念　　　　　　B. 母亲观念
    C. 积极情绪观念　　　　　　D. 客体永久性观念

29. 幼儿难以理解反话的含义,是因为幼儿理解事物具有( )。
    A. 双关性　　　　B. 表面性　　　　C. 形象性　　　　D. 绝对性

30. 1.5—2岁左右的儿童使用的句子主要是( )。
    A. 单词句　　　　B. 电报句　　　　C. 完整句　　　　D. 复合句

31. 按皮亚杰的观点,2—7岁的思维处于( )。
    A. 具体运算阶段　B. 形式运算阶段　C. 感知运动阶段　D. 前运算阶段

32. 在陌生环境实验中,妈妈在婴儿身边时婴儿一般能安心玩耍,对陌生人的反应也比较积极。这种儿童对妈妈的依恋属于( )。
    A. 回避型　　　　B. 无依恋型　　　C. 安全型　　　　D. 反抗型

33. 婴儿手眼协调发生时间( )。
    A. 2—3个月　　　B. 4—5个月　　　C. 7—8个月　　　D. 9—10个月

34. 幼儿学习的基础是( )。
    A. 直接经验　　　B. 课堂学习　　　C. 间接经验　　　D. 理解记忆

35. 幼儿看见同伴欺负别人会生气,看见同伴帮助别人会赞同。这种体验属于( )。
    A. 理智感　　　　B. 道德感　　　　C. 美感　　　　　D. 自主感

36. 幼儿如果能够认识到他们的性别不会随着年龄的增长而发生改变,说明他已经具有( )。
    A. 性别倾向性　　B. 性别差异性　　C. 性别独特性　　D. 性别恒常性

37. 让脸上抹有红点的婴儿站在镜子前,观察其行为表现。这个实验测试的是婴儿( )。
    A. 自我意识的发展　　　　　B. 防御意识的发展
    C. 性别意识的发展　　　　　D. 道德意识的发展

38. 个体认识到他人的心理状态,并由此对其相应行为做出因果性推测和解释的能力称为( )。
    A. 元认知　　　　B. 道德认知　　　C. 心理理论　　　D. 认知理论

39. 适合幼儿的学习方式多种多样。下列各项中不属于《3—6岁儿童学习与发展指南》倡导的学习方式是( )。
    A. 强化学习　　　B. 直接感知　　　C. 实际操作　　　D. 亲身体验

40. 小班幼儿玩橡皮泥时,往往没有计划性。橡皮泥搓成团就说是包子,搓成条就说是油条,长条橡皮泥卷起来就说是麻花。这反映了小班幼儿( )。
    A. 具体形象思维的特点　　　B. 直觉行动思维的特点
    C. 象征性思维的特点　　　　D. 抽象逻辑思维的特点

41. 一名从未见过飞机的幼儿,看到蓝天上飞过的一架飞机说:"看,一只很大的鸟!"从语言发展的角度来看,这一现象反映的特点是( )。
    A. 过度规范化　　B. 扩展不足　　　C. 过度泛化　　　D. 电报句式

42. 1岁半的儿童想给妈妈吃饼干时,会说:"妈妈""饼""吃",并把饼干递过去。这表明该阶段儿童语言发展的一个主要特点是( )。
    A. 电报句　　　　B. 完整句　　　　C. 单词句　　　　D. 简单句

43. 一名4岁幼儿听到教师说"一滴水,不起眼",结果他理解成了"一滴水,肚脐眼"。这一现象主要说明幼儿( )。
    A. 听觉辨别力较弱　　　　　B. 想象力非常丰富
    C. 语言理解凭借自己的具体经验　D. 理解语言具有随意性

44. 在商场,4—5岁的幼儿看到自己喜爱的玩具时,已不像2—3岁那样吵着要买,他能听从成人的要求,并用语言安慰自己:"家里有许多玩具了,我不买了。"对这一现象最合理的解释是( )。
    A. 4—5岁幼儿形成了节约的概念
    B. 4—5岁幼儿的情绪控制能力进一步发展
    C. 4—5岁幼儿能够理解玩其他玩具同样快乐
    D. 4—5岁幼儿自我安慰的手段有了进一步发展

45. 婴幼儿的"认生"现象通常出现在( )。
    A. 3—6个月　　　B. 6—12个月　　　C. 1—2岁　　　　D. 2—3岁

46. 2—6岁的儿童掌握的词汇数量迅速增加,词类范围不断扩大。该时期儿童掌握词汇的先后顺序是( )。
    A. 动词、名称、形容词　　　B. 动词、形容词、名词
    C. 名词、动词、形容词　　　D. 形容词、动词、名词

47. 青青的妈妈说:"那孩子的嘴真甜!"青青问:"妈妈,您舔过她的嘴吗?"这主要反映了青青( )。
   A. 思维的片面性　　B. 思维的拟人性　　C. 思维的生动性　　D. 思维的表面性

48. 科学活动中,教师观察到某幼儿能用数字、图表整理自己观察到的现象。该幼儿最可能的年龄是( )。
   A. 6岁　　B. 5岁　　C. 4岁　　D. 3岁

49. 下列哪一种活动重点不是发展幼儿的精细动作能力( )。
   A. 扣纽扣　　B. 使用剪刀　　C. 双手接球　　D. 系鞋带

50. 生活在不同环境中的同卵双胞胎的智商测试分数很接近,这说明( )。
   A. 遗传和后天环境对儿童的影响是平行的
   B. 后天环境对智商的影响较大
   C. 遗传对智商的影响较大
   D. 遗传和后天环境对智商的影响相当

51. "3—4岁的儿童认为,小皮球浮在水面上,是因为它想游泳。"按照认知发展理论的观点,这反映了3—4岁儿童的思维具有( )。
   A. 泛灵论特点　　B. 守恒性特点　　C. 假装性特点　　D. 象征性特点

52. 初入园的幼儿常常有哭闹、不安等不愉快的情绪。说明这些幼儿表现出( )。
   A. 回避型依恋　　　　　　　B. 抗拒性格
   C. 分离焦虑　　　　　　　　D. 粘液质气质

53. 桌面上一边摆了三块积木,另一边摆了四块积木。教师问:"一共几块积木?"从幼儿的下列表现来看,数学能力发展水平最高的是( )。
   A. 把三块积木和四块积木放在一起,然后一个一个点数
   B. 看了一眼三块积木,说出"3",暂停一下,接着数"4、5、6、7"
   C. 左手伸出三根手指,右手伸出四根手指,然后掰手指数出总数
   D. 幼儿先看了3块积木,后看了4块积木,暂停一下,说7块

54. 对幼儿学习品质的正确理解是( )。
   A. 活动过程中的态度和行为倾向　　B. 活动过程中的学习速度
   C. 活动过程中的知识积累　　　　　D. 活动过程中的道德品质

55. "孟母三迁"的故事说明,影响人的发展的一个重要因素是( )。
   A. 环境　　B. 邻居　　C. 母亲　　D. 成熟

56. 幼儿学习语言的策略有指物性策略和( )。
   A. 表现性策略　　B. 建构性策略　　C. 回避策略　　D. 破坏策略

57. 根据情绪发生的强度、持续性和紧张度不同,可以把情绪状态分为三种基本形式。下列选项中正确的一项是( )。
   ①心境　②应激　③愤怒　④激情
   A. ①②③　　B. ①②④　　C. ②③④　　D. ①③④

58. 小聪听说一个长了胡子的小王是老王的儿子,他感到非常惊奇,因为在他的头脑中认为"儿子"是像他们那样的小孩。这反映了幼儿思维的特点具有( )。
   A. 具体形象性　　B. 表面性　　C. 抽象性　　D. 创造性

59. 表现在人对现实的态度和惯常的行为方式中比较稳定的心理特征是( )。
   A. 个性　　B. 性格　　C. 气质　　D. 能力

60. 导致"狼孩"心理发展滞后的主要因素是( )。
   A. 遗传有缺陷
   B. 生理成熟迟滞
   C. 自然环境恶劣
   D. 社会环境缺乏

61. 下列属于教育现象的是( )。
   A. 老猫教幼仔捕老鼠　　　　B. 老鸭教小鸭游泳玩水
   C. 父母教孩子穿衣服　　　　D. 父母给孩子补充营养

62. 幼儿最初社会性发生的标志是( )。
   A. 不出声的笑　　　　　　　B. 诱发性微笑的出现
   C. 发出声的笑　　　　　　　D. 有差别微笑的出现

63. 幼儿基本情绪表现不包括( )。
   A. 恐惧　　B. 爱　　C. 哭　　D. 笑

64. "给我一打健全的儿童,我可以用特殊的方法任意地加以改变,或使他们成为医生、律师……或使他们成为乞丐和盗贼……"这种观点强调对儿童发展产生重大影响的是( )。
   A. 遗传因素　　B. 先天因素　　C. 主观因素　　D. 环境因素

65. 某一时期,儿童学习某种知识和形成某种能力比较容易,心理某个方面的发展最为迅速,儿童心理发展的这个时期被称为( )。
   A. 反抗期　　B. 敏感期　　C. 转折期　　D. 危机期

66. "道而弗牵,强而弗抑,开而弗达。"这里"强而弗抑"所隐含的理论是( )。
   A. 全面发展的理论　　　　　B. 多元智能理论
   C. 最近发展区理论　　　　　D. 认知发展理论

67. 我们经常说的"跳一跳,摘桃子",这种观点的理论基础是( )。
   A. 敏感理论　　　　　　　　B. 转折期理论
   C. 青春期理论　　　　　　　D. 最近发展区理论

68. "南人善泳,北人善骑。"说明在人的发展中起重要作用的是( )。
   A. 遗传因素　　B. 环境因素　　C. 教育成熟　　D. 个体因素

69. 情绪和情感是人对内外环境变化产生的( )。
   A. 体验　　B. 过程　　C. 情绪　　D. 认识

70. 在方位知觉方面,4岁儿童( )。

A. 开始能够辨别前后
B. 开始能正确地辨别以自身为中心的左右方位
C. 开始能够辨别以别人为基准的左右方位
D. 仅能辨别上下

71. 小玉在上课时不断地扮鬼脸、做出各种奇怪的动作,但黄老师和小朋友们都当作没看到。后来,小玉停止了这些动作,开始认真听老师讲话。黄老师运用的减少不良行为的方法是( )。
A. 正强化　　　　B. 负强化　　　　C. 惩罚　　　　D. 消退

72. 研究表明,人类学习口语有一个重要的时期,如果错过了这个时期,就难以学会人类的语言。这个时期,劳伦兹把它称为( )。
A. 转折期　　　　B. 敏感期　　　　C. 危机期　　　　D. 关键期

73. "因材施教"的理论根据是人的身心发展具有( )。
A. 个别差异性　　　B. 不均衡性　　　C. 阶段性　　　D. 顺序性

74. 幼儿对自己消极情绪的掩饰,说明其情绪的发展已经开始( )。
A. 深刻化　　　　B. 丰富化　　　　C. 内隐化　　　D. 精细化

75. 幼儿喜悦时语调高昂、语调夸张、语速较快,而且语音高低差别较大。这属于( )。
A. 外在表情　　　　　　　　　B. 体势表情
C. 面部表情　　　　　　　　　D. 言语表情

76. 记忆的基本过程不包括( )。
A. 识记　　　　B. 回忆　　　　C. 再认　　　　D. 强化

77. 幼儿前期的儿童总是在操弄物体时才能进行思维,离开了动作和实物,思维就停止了。这说明幼儿具有( )。
A. 直觉行动思维　　　　　　　B. 具体形象思维
C. 抽象逻辑思维　　　　　　　D. 随意思维

78. 小丽能辨别自己的左右手,但不能辨别父母和其他小朋友的左右手。按照皮亚杰的认知发展理论,小丽的认知发展处于( )。
A. 感知运动阶段　　　　　　　B. 前运算阶段
C. 具体运算阶段　　　　　　　D. 形式运算阶段

79. 学前晚期的儿童能够对物体进行分类。例如,区分菜时能把菜分为素菜和荤菜,素菜又能分为白菜、萝卜等,荤菜又能分为肉类、蛋类等。对肉类又可以进行猪肉、牛肉等的划分。这表明学前晚期的儿童具有的显著特征是( )。
A. 爱学、好问　　　　　　　　B. 抽象思维发展
C. 语言能力明显提高　　　　　D. 认知能力形成

80. 幼儿道德发展的特点有具体性和( )。
① 他律性　② 自律性　③ 模仿性　④ 情绪性
A. ①②③　　　B. ①③④　　　C. ②③④　　　D. ①②④

81. 儿童学习某种知识和形成某种能力比较容易,心理某个方面发展最为迅速的时期称为( )。
A. 转折期　　　　B. 敏感期　　　　C. 危机期　　　　D. 关键期

82. 儿童的记忆一般从机械记忆开始发展,逐渐过渡到意义记忆。这说明儿童的身心发展具有( )。
A. 阶段性　　　　B. 顺序性　　　　C. 可变性　　　　D. 差异性

83. 人的心理结构中最低级、最简单的因素,包括以性为中心的本能冲动以及出生之后的各种欲望。根据精神分析理论,这种因素是( )。
A. 意识　　　　B. 前意识　　　　C. 潜意识　　　　D. 需要

84. 到超市时,小明哭闹要买玩具,他妈妈觉得很丢面子。回家后规定不准小明看他喜欢的动画片。小明妈妈运用的方法属于( )。
A. 正强化　　　　B. 负强化　　　　C. 惩罚　　　　D. 消退

85. 罗茨克兰斯等人在研究中发现,经常观察到别人的攻击行为受到强化的儿童,攻击性最强;经常观察到别人的攻击行为受到惩罚的儿童,攻击性最弱。根据班杜拉的理论这种强化属于( )。
A. 内在强化　　　B. 自我强化　　　C. 替代强化　　　D. 无意强化

86. 儿童容易模仿影视片中反面人物的行为,导致不良品德的形成。为了避免影视片的消极影响,根据班杜拉社会学习理论,适当的做法是( )。
A. 避免学生观看这类影视片
B. 对有模仿行为的儿童进行说理教育
C. 影片中尽量少描写反面人物
D. 影视片应使观众体验到"恶有恶报,善有善报"

87. 皮亚杰认为,儿童心理发展受四个因素的影响,它们是( )。
① 成熟　② 经验　③ 适应　④ 社会环境　⑤ 平衡化
A. ①②③④　　B. ②③④⑤　　C. ①③④⑤　　D. ①②④⑤

88. 随着儿童年龄的增长,他们能逐渐接受别人的意见,并获得长度、体积、面积和重量的守恒概念。这表明儿童已经达到了认知发展阶段的( )。
A. 感知运动阶段　　　　　　　B. 前运算阶段
C. 具体运算阶段　　　　　　　D. 形式运算阶段

89. 儿童往往认为月亮在跟他走,只要他不走,月亮也就不走了。这种现象所反映的儿童心理特点是( )。
A. 泛灵化　　　　　　　　　　B. 自我中心
C. 思维不可逆性　　　　　　　D. 思维的刻板性

90. 现在的幼儿与几十年以前的幼儿某些心理年龄特点,如思维的具体形象性、爱活动、爱游戏等基本相同。这说明儿童心理发展的年龄特征具有( )。
A. 可变性　　　　B. 整体性　　　　C. 阶段性　　　　D. 稳定性

91. "一两遗传胜过一吨教育。"这种观点属于典型的（　　）。
   A. 遗传决定论　　B. 环境决定论　　C. 相互作用论　　D. 成熟势力说

92. 在教育工作中，"不陵节而施"依据的是个体身心发展的（　　）。
   A. 顺序性规律　　　　　　　B. 个别差异性规律
   C. 不平衡性规律　　　　　　D. 阶段性规律

93. 幼儿词汇中使用频率最高的是（　　）。
   A. 代词　　B. 名词　　C. 动词　　D. 语气词

94. 儿童能辨别上下的年龄一般是（　　）。
   A. 3岁　　B. 4岁　　C. 5岁　　D. 7岁

95. 儿童理解语言迅速发展的阶段指（　　）。
   A. 0—6个月　　B. 6—12个月　　C. 1—1.5岁　　D. 1.5—2岁

96. 当物体触及新生儿手掌心时，他会立即把它紧紧握住。这种反射属于（　　）。
   A. 莫罗反射　　B. 达尔文反射　　C. 巴布金反射　　D. 巴宾斯基反射

97. 幼儿最容易辨别的几何图形是（　　）。
   A. 三角形　　B. 圆形　　C. 长方形　　D. 半圆形

98. 小班幼儿往往对某个故事百听不厌，其原因主要是（　　）。
   A. 以想象过程为满足　　　　B. 想象的内容零散
   C. 想象受情绪影响　　　　　D. 想象具有夸张性

99. 在儿童思维发展过程中，动作和语言对思维活动作用的变化规律是（　　）。
   A. 动作的作用由小到大，语言的作用由大到小
   B. 动作的作用由大到小，语言的作用由小到大
   C. 动作和语言的作用均由大到小
   D. 动作和语言的作用均由小到大

100. 婴儿看见物体时，先是移动肩肘，用整只手臂去接触物体，然后才会用腕和手指去接触并抓取物体。导致这种现象的原因是儿童动作发展中的（　　）。
   A. 近远规律　　　　　　　　B. 大小规律
   C. 首尾规律　　　　　　　　D. 从整体到局部的规律

101. 学前儿童先会走、跑，后会灵活地使用剪刀。这符合儿童动作发展的（　　）。
   A. 整体局部规律　　B. 首尾规律　　C. 大小规律　　D. 近远规律

102. 美国心理学家本杰明·布鲁姆研究指出，如果17岁儿童智力为100%成熟的话，那么，儿童4岁时已达到（　　）。
   A. 20%　　B. 50%　　C. 70%　　D. 80%

103. 促进幼儿心理发展的最好活动形式是（　　）。
   A. 学习　　B. 游戏　　C. 劳动　　D. 手工

104. 视觉发育的敏感期是（　　）。
   A. 3岁前　　B. 4岁前　　C. 5岁前　　D. 6岁前

105. 发展适宜性原则有两个方面的含义，即年龄适宜性和（　　）。
   A. 群体适宜性　　B. 小组适宜性　　C. 个体适宜性　　D. 社区适宜性

106. 失明者的触觉、听觉一般非常灵敏。这体现了个体身心发展具有（　　）。
   A. 阶段性　　B. 顺序性　　C. 不平衡性　　D. 互补性

二、简答题（每小题15分）

1. 简述幼儿思维发展的一般特点。

2. 简述幼儿期自我评价的趋势并举例说明。

3. 简述学前儿童句型发展的特点。

4. 简述1—3岁儿童心理发展的主要特征。

5. 什么是社会性和幼儿的社会性发展?

6. 思维的发生、发展对幼儿心理发展的意义是什么?

7. 简述最近发展区理论。

8. 简述学前期(3—6岁)儿童心理发展的特征。

9. 简述学前儿童生理发展特点。

10. 简述学前儿童心理发展特点。

11. 简述学前儿童身体发育的指标。

12. 简述学前儿童注意发展的特点。

13. 简述学前儿童想象的特点。

14. 简述学前儿童观察力发展的特点。

15. 简述学前儿童记忆发展的特点。

16. 简述学前儿童个性开始形成的主要标志。

17. 简述培养学前儿童积极情绪的策略。

18. 简述学前儿童性格的年龄特点。

19. 简述学前儿童能力发展的特点。

20. 简述学前儿童发展的基本规律。

三、论述题(每小题20分)

1. 简述积极师幼关系的意义。

2. 影响在园幼儿同伴交往的因素有哪些?

3. 作为幼儿教师,如何在保教活动中营造良好的心理氛围?

4. 论述影响儿童发展的因素及其相互关系。

5. 试述学前儿童道德意识发展的特点。

6. 为什么说幼儿园教育在儿童的发展中起着决定性作用?

四、材料分析题(每小题20分)

1. 阅读材料,回答问题。

   材料:
   4岁的成成上床睡觉前非要吃糖不可。妈妈一个劲儿地向他解释睡觉前不能吃糖的道理,成成就是不听,还扯着嗓子哭起来。妈妈生气地说:"再哭,我打你。"成成不但没停止哭叫,反而情绪更加激动,干脆在床上打起滚来。

   问题:
   (1) 请运用有关幼儿情绪的理论,谈谈成成为什么会这样。(10分)
   (2) 成人应如何引导与培养幼儿的良好情绪?(10分)

2. 阅读材料,回答问题。

   材料:

   孩子是由一百种组成的
   孩子有一百种语言
   一百双手
   一百个想法
   一百种思考、游戏、说话的方式
   一百种倾听、惊奇、爱的方式
   一百种歌唱与了解的喜悦
   一百种世界等着孩子们去发掘
   一百种世界等着孩子们去创造
   一百种世界等着孩子们去梦想

   (摘自《孩子的一百种语言》,马拉古奇,南京师范大学出版社,2008年)

   问题:
   (1) 你能从诗中读到幼儿心理发展的什么特点?(10分)
   (2) 依据这些特点,教师应该怎么对待幼儿?(10分)

3. 阅读材料,回答问题。

   材料:
   离园时,三岁的小凯对妈妈兴奋地说:"妈妈,今天我得了一个'小笑脸',老师还贴在我的脑门儿上了。"妈妈听了很高兴。连续两天,小凯都这样告诉妈妈。后来妈妈和老师沟通后才得知,小凯并没有得到"小笑脸"。妈妈生气地责怪小凯:"你这么小,怎么就说谎呢?"

   问题:
   小凯妈妈的说法是否正确?(2分)试结合幼儿想象的特点分析上述现象。(18分)

4. 阅读材料,回答问题。

   材料:
   新入职的王老师第一次带大班小朋友做操时,发现大家的动作有些混乱,有的胳膊向左伸,有的向右伸,这是为什么呢?昨天老教师带操时,明明大家动作很整齐啊!

   问题:
   (1) 请从幼儿左右概念发展水平的角度分析幼儿动作混乱的原因。(10分)
   (2) 针对问题,提出建议。(10分)

5. 阅读材料，回答问题。

材料：

轩轩把小狗玩具丢在地上，妈妈说："轩轩，你的小狗躺在地上会感冒哦！"轩轩马上把小狗捡起来，并给它盖上小毛巾，然后安心地玩起了搭积木的游戏。他搭好桥墩，要选一个桥面，轩轩看了看桥墩，又瞅瞅桥面，从九个大大小小的桥面中选了和桥墩差不多大的桥面搭上去，刚刚好呢！正当轩轩玩得开心时，妈妈叫他吃饭，叫他几遍都不应，妈妈生气地说："你就玩个够吧，别吃饭了！"轩轩高兴地说："好！"又继续搭积木。

请结合以上案例分析轩轩的思维水平，并结合案例阐述该思维水平的特点。

6. 阅读材料，回答问题。

材料：

为了解中班幼儿分类能力的发展，教师选择了"狗、人、船、鸟"四张图片，要求幼儿从中挑出一张不同的。很多幼儿拿了"船"图片出来，他们的理由分别是：狗、人和鸟常常是在一起出现的，船不是；狗、人、鸟都有头、脚和身体，而船没有；狗、人、鸟是会长大的，而船是不会长大的。

问题：

(1) 请结合上述材料分析中班幼儿分类能力的发展特点。（10分）

(2) 基于上述材料中幼儿的发展特点，分析教师应如何实施教育。（10分）

7. 阅读材料，回答问题。

材料：

在一项行为实验中，老师把一个大盒子放在幼儿面前，对幼儿说："这里面有一个很好玩的玩具，一会儿我们一起玩。现在我要出去一下，你等我回来，我回来前，你不能打开盒子看，好吗？"幼儿回答："好的！"老师把幼儿单独留在房间里，下面是两名幼儿在接下来两分钟的不同表现。

幼儿一：眼睛一会儿看墙角，一会儿地上，尽量让自己不看前面的盒子，小手也一直放在腿上，老师再次进来问："你有没打开盒子？"幼儿说："没有。"

幼儿二：忍了一会儿，禁不住打开盒子偷偷看了一眼，老师再次进来问："你有没有打开盒子？"幼儿说："没有，这个玩具不好玩。"

问题：

请分析上述材料中两名幼儿各自表现出的行为特点。

8. 阅读材料，回答问题。

材料：

宝宝的爸爸妈妈都是大学教授。有人说遗传了这么好的素质，以后一定非常优秀；也有人说还是要看教育；爸爸妈妈说环境和遗传对孩子的影响大约一半一半吧。

问题：

请结合实际评析材料中的三种观点。

9. 阅读材料，回答问题。

材料：

基尼是美国加利福尼亚州的一个小女孩。她母亲双目失明，丧失了哺育孩子的基本能力；父亲讨厌她，虐待她。基尼自婴儿期起就几乎没听到过人说话，更不用说有人教她说话了。除了哥哥匆匆地、沉默地给她送些食物外，可以说，基尼生活在一间被完全隔离的小房里。她严重营养不良，胳臂和腿都不能伸直，不知道如何咀嚼，安静得令人害怕，没有明显的喜怒表情。直到基尼3岁被发现后，被送到了医院。最初几个月，基尼的智商得分只相当于1岁的正常儿童。多方面的重视使她受到了特殊的精心照顾。尽管如此，直到13岁，她都没有学会人类语言的语法规则，不能进行最基本的语言交流。据调查分析，基尼的缺陷不是天生的。

问题：

（1）基尼的缺陷说明了什么？（10分）

（2）基尼之后在精心照顾下，仍不能学会人类语言的语法规则。请分析其原因。（10分）

10. 阅读材料，回答问题。

材料：

随着现代社会大众传媒的迅速发展，网络和电视中不健康的内容开始对儿童的心理发展产生不良影响；网络和电视的普及在某种程度上可以给儿童提供娱乐，提供大量的知识和信息，使孩子学习及掌握大量在课堂上学不到的知识和信息，对儿童的反应能力及智力发育有很大的好处；应对儿童的观看加以正确的引导，尤其是家长和学校的引导显得非常重要，良好的引导可以使网络和电视对儿童的智力发育有益无害。

问题：

请联系实际说明社会环境对儿童心理发展的作用。

姓　名：_____
学　号：_____
得　分：_____
教师签名：_____

第三章　幼儿园教育

一、选择题（每小题3分）

1. 幼儿园的教育内容是全面的、启蒙的，各领域的内容相互渗透，从不同角度促进幼儿（　　）等方面的发展。
   A. 知识、技能、能力、情感、态度　　B. 情感、态度、能力、知识、技能
   C. 能力、情感、态度、知识、技能　　D. 情感、态度、知识、技能、能力

2. 幼儿园（　　）的双重任务是我国幼儿园的一大特色，也是我国幼儿园的社会使命。
   A. 发挥一日活动整体教育功能　　B. 以游戏为基本活动
   C. 教育的活动性和活动的多样性　　D. 保育和教育

3. 对幼儿发展状况评估的目的是（　　）。
   A. 筛选、排队　　B. 教师反思性成长
   C. 提高保教质量　　D. 了解幼儿的发展需要

4. 根据《幼儿园教育指导纲要（试行）》规定，幼儿园体育的重要目标是（　　）。
   A. 培养运动人才　　B. 获得比赛奖项
   C. 培养幼儿对体育的兴趣　　D. 训练技能

5. 幼儿园教育工作评价应当（　　）。
   A. 以行政人员评价为主，专家等参与评价为辅
   B. 以园长自评为主，教师等参与评价为辅
   C. 以教师自评为主，园长等参与评价为辅
   D. 以家长评价为主，幼儿等参与评价为辅

6. 发展幼儿语言表达能力的关键是让他们（　　）。
   A. 多交流多表达　　B. 多模仿别人说话　　C. 多认字多写字　　D. 多背诵经典

7. 幼儿教师选择教育教学内容最主要的依据是（　　）。
   A. 幼儿发展　　B. 社会需求　　C. 学科知识　　D. 教师特长

8. 《幼儿园工作规程》指出，幼儿园应制订合理的幼儿一日生活作息制度，两餐间隔时间不少于（　　）。
   A. 2.5小时　　B. 3小时　　C. 2小时　　D. 3.5小时

9. 评估幼儿发展的最佳方式是（　　）。
   A. 平时观察　　B. 期末检测　　C. 问卷调查　　D. 家长访谈

10. 实施幼儿园德育最基本的途径是（　　）。
    A. 教学活动　　B. 亲子活动　　C. 阅读活动　　D. 日常生活

11. 教师根据幼儿的图画来评价幼儿发展的方法是（　　）。
    A. 观察法　　B. 作品分析法　　C. 档案袋评价法　　D. 实验法

12. 《幼儿园教育指导纲要（试行）》中的教育目标较多使用"体验""感受""喜欢""乐意"等词汇，这表明幼儿园教育强调（　　）。
    A. 知识获得取向　　B. 情感态度取向
    C. 实践操作取向　　D. 技能养成取向

13. 《幼儿园教师专业标准（试行）》规定，幼儿园教师专业标准的基本理念是（　　）。
    A. 师德为先，幼儿为本，能力为重，知识为主
    B. 幼儿为本，能力为重，知识为主，终身学习
    C. 幼儿为本，师德为先，能力为重，终身学习
    D. 师德为先，幼儿为本，知识为主，终身学习

14. 幼儿保育和教育工作从根本上来说是为了满足（　　）。
    A. 家长的教育要求　　B. 上级领导的要求
    C. 小学的教育要求　　D. 幼儿发展的需求

15. 与幼儿园保育和教育目标表述不符的是（　　）。
    A. 培养正确运用感官和运用语言交往的基本能力
    B. 培养幼儿初步感受美和表现美的情趣和能力
    C. 训练幼儿的体育运动技能
    D. 促进幼儿身体正常发育和机能的协调发展

16. 幼儿德育的内容主要包括两个方面，即发展幼儿的个性和（　　）。
    A. 幼儿的特长　　B. 幼儿的智力　　C. 幼儿的社会性　　D. 幼儿的能力

17. 幼儿美育的目标是（　　）。
    A. 使幼儿掌握美学的知识
    B. 使幼儿掌握表现美的技能
    C. 培养幼儿的审美动机
    D. 培养幼儿感受美、表现美的情趣和初步能力

18. H省组成一个专家小组，根据制定好的评估内容与标准对全省的公立幼儿园进行评估，然后给每所幼儿园确定不同的等级。这种评价蕴含的功能是（　　）。
    A. 诊断功能　　B. 导向功能　　C. 调节功能　　D. 鉴定功能

19. 幼儿园保育教育质量评估应主要聚焦（　　）。
    A. 办园条件　　B. 保育教育过程　　C. 幼儿园管理　　D. 幼儿发展结果

20. 《国家中长期教育改革和发展规划纲要（2010—2020年）》在学前教育方面规定（　　）。
    A. 基本普及学前教育　　B. 普及农村学前教育
    C. 学前教育属于义务教育　　D. 学前教育是福利事业

11. 简述幼儿园教育评价应注意的问题。

12. 简述幼儿园教育评价的基本方法(至少写出 5 种)。

13. 简述幼儿园教育活动评价的类型。

14. 简述幼儿园教育评价的作用。

15. 简述幼儿园班级管理中的规则引导法的操作要领。

16. 试论述生活管理的意义。

17. 简述幼儿班级管理的方法。

18. 简述幼儿园班级管理的环节。

19. 简述幼儿园健康教育的目标。

20. 简述幼儿园教育的目的和任务。

21. 简述偶发事件的特点。

22. 简述偶发事件的类型。

23. 简述偶发事件的处理原则。

24. 简述偶发事件的处理方法。

三、材料分析题（每小题20分）

1. 阅读材料，回答问题。

材料：

在一次晨间活动中，很多孩子都在自然角上议论着，他们发现丝瓜秧趴在地上不起来，不像小辣椒站得直直的。孩子们对此感到很奇怪，也提出了自己的见解，有的说是丝瓜太累了，有的说是丝瓜老了，驼背了。看到孩子们对此如此感兴趣，老师及时捕捉这一信息，在孩子们的兴趣点上提出了"为什么小辣椒站得直直的，而丝瓜秧趴在地上不起来了呢"，然后让孩子去观察它们的茎有什么不一样，让孩子们想办法使丝瓜秧站起来。老师让孩子们从家里带来各种材料，并尝试用哪种材料最好，碰到了困难怎样去咨询有经验的农民伯伯。

问题：

请从课程评价的角度对材料中教师的课程实施过程进行评析。

2. 阅读材料,回答问题。

材料:

问题:
(1) 上述三幅画各反映出幼儿绘画的哪种表现形式?(6分)
(2) 怎样理解幼儿的绘画?(4分)
(3) 评价幼儿画时应注意什么问题?(10分)

3. 阅读材料,回答问题。

材料:

教师为了帮助大班的幼儿了解春天的季节特征,同时在其中渗透数学教育,专门制作了一套"春天"的拼图(如图1)。拼图底板是若干道10以内的计算题,每一小块图形的正面是春天景色的一部分,背面是计算题的得数(如图2),教师希望幼儿根据计算题与得数的匹配找到拼图的相应位置。然而,材料投放后,教师却发现许多幼儿不用做计算题就能轻松完成拼图,也未对图片中的季节特征产生观察与探究的兴趣。

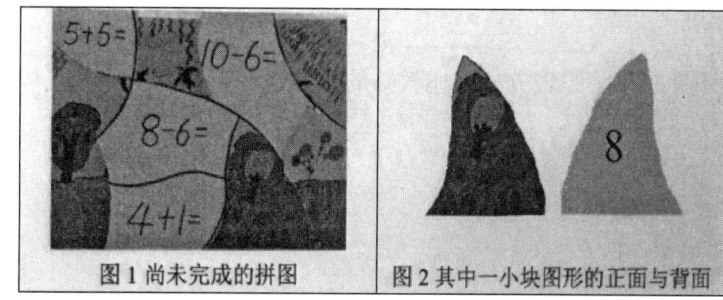

图1 尚未完成的拼图　　图2 其中一小块图形的正面与背面

问题:
(1) 请从幼儿获得科学经验的角度,分析这一拼图材料的投放,对达成教学目标是否适宜。(2分)为什么?(4分)
(2) 该材料在设计上存在什么问题?(10分)请提出改进建议。(4分)

4. 阅读材料,回答问题。

材料:

在一节以"冬天"为主题的美术活动结束后,王老师像往常一样在最后环节评价每位小朋友上交的作品。王老师拿出李艺璇小朋友的作品,一个劲儿地表扬她画得好看,但是在看到于彬彬小朋友的画一点儿也不像冬天的雪景后,就将两幅画拿到一起做对比:"你们看,彬彬的画就没有璇璇的好……"接下来有好几个小朋友都画得不好,王老师就拿画得好的小朋友的作品与之比较。

第二天,有的家长送孩子到幼儿园时,跟王老师反映孩子回家后心情很不好。

问题:

请根据教育评价的相关原理分析上述教师的做法。

5. 阅读材料,回答问题。

材料:

幸福幼儿园刚刚成立,园长陈老师想用"成长记录袋"为入园的孩子记录成长轨迹,但是他对这方面概念比较模糊,面对大量的信息感觉无从下手,这可愁坏了陈老师。

问题:

请你为材料中的陈老师提出合理建议。

四、活动设计题(每小题30分)

1. 请设计一个幼儿发展评价方案。

2. 请设计一个幼儿园教师评价方案。

3. 请设计一份幼儿园环境布置评分标准。

4. 中二班幼儿在"娃娃家"游戏中,接待客人主动热情,与长辈交往很有礼貌,可家长却说,孩子在家不是这样的,有客人来了很少打招呼,还经常对爷爷奶奶发脾气。
   请针对上述幼儿行为的反差,设计解决这一问题的教育方案。
   要求:写出问题的原因分析、教育目标、三种教育指导内容与方法。

姓　　名：_____
学　　号：_____
得　　分：_____
教师签名：_____

第四章　生活指导

一、选择题(每小题3分)

1. 在幼儿园实践中某些教师认为幼儿进餐、睡眠、茶点等是保育,只有上课才是传授知识、发展智力的唯一途径,不注意利用各环节的教育价值。这种做法违反了(　　)。
   A. 发挥一日生活的整体功能原则　　B. 重视年龄特点和个体差异原则
   C. 尊重儿童原则　　D. 实践性原则

2. 培养机智、敏锐和自信心,防止疑虑、孤独。这些教育措施主要是针对(　　)。
   A. 胆汁质的儿童　　B. 多血质的儿童　　C. 粘液质的儿童　　D. 抑郁质的儿童

3. 制定班级幼儿生活常规的主要目的是(　　)。
   A. 帮助幼儿学会自我管理　　B. 便于教师管理
   C. 让幼儿学会服从　　D. 维持纪律

4. 洗手时,东东突然叫了起来:"洗手液溅进眼睛里了!"这时老师首先应该做的是(　　)。
   A. 用流动水冲洗眼睛　　B. 用干净的纸或软布擦眼睛
   C. 找保健医生　　D. 拉开眼皮吹一吹

5. 下列哪种方法不利于缓解或调整幼儿激动的情绪(　　)。
   A. 转移注意力　　B. 斥责　　C. 冷处理　　D. 安抚

6. 由于幼儿的肌肉中水分多,蛋白质及糖原少,不适合他们的运动项目是(　　)。
   A. 拍球　　B. 投掷　　C. 长跑　　D. 跳绳

7. 婴幼儿应多吃蛋、奶等食物,保证维生素D的摄入,以防止因维生素D缺乏而引起(　　)。
   A. 呆小症　　B. 异嗜癖　　C. 佝偻病　　D. 坏血病

8. 火灾发生时,保教人员应沉着冷静,广播告知全园,切断电源,并呼叫(　　)。
   A. 110、114、119　　B. 110、114、120　　C. 110、120、122　　D. 119、110、120

9. 被黄蜂蛰伤后,正确的处理方法是(　　)。
   A. 涂肥皂水　　B. 用温水冲洗　　C. 涂食用醋　　D. 冷敷

10. 评价幼儿生长发育最重要的指标是(　　)。
    A. 体重和头围　　B. 头围和胸围　　C. 身高和胸围　　D. 身高和体重

11. 幼儿在户外活动中扭伤,出现充血、肿胀和疼痛,教师应对幼儿采取的措施是(　　)。
    A. 停止活动,冷敷扭伤处　　B. 停止活动,热敷扭伤处
    C. 按摩扭伤处,继续活动　　D. 清洁扭伤处,继续活动

12. 幼儿突然出现剧烈呛咳,伴有呼吸困难,面色青紫。这种情况可能是(　　)。
    A. 急性肠胃炎　　B. 异物落入气管　　C. 急性喉炎　　D. 支气管哮喘

13. 风疹病毒传播途径是(　　)。
    A. 肢体接触　　B. 空气飞沫　　C. 虫媒传播　　D. 实物传播

14. 活动区活动结束了,可是曼曼的"游乐园"还没搭完,他跟教师说:"老师,我还差一点儿就完成了,再给我5分钟,好吗?"老师说:"行,我等你。"一边说,一边指导其他幼儿收拾玩具……该教师的做法体现了幼儿园一日生活安排应该(　　)。
    A. 与幼儿积极互动　　B. 根据幼儿活动的需求灵活调整
    C. 按照作息时间表按部就班地进行　　D. 随时关注幼儿的活动

15. 教师引导幼儿擤鼻涕的正确方法是(　　)。
    A. 把鼻涕吸进鼻腔　　B. 先捂一侧鼻孔,再轻擤另一侧
    C. 同时捏住鼻翼两侧擤　　D. 用手背擦鼻涕

16. 下列最能体现幼儿平衡能力发展的活动是(　　)。
    A. 跳远　　B. 跑步　　C. 投掷　　D. 踩高跷

17. 婴幼儿最易缺乏的、必须注意补充的无机盐是(　　)。
    A. 钾和钠　　B. 锌和铁　　C. 钙和铁　　D. 钾和锌

18. 幼儿园教学活动渗透在幼儿园一日生活的各项活动之中,反映了幼儿园教学活动的特点之一是(　　)。
    A. 广泛性　　B. 计划性　　C. 多样性　　D. 平等性

19. 口吃是一种语言障碍,幼儿口吃表现为多种症状,下面各项中属于口吃典型症状的是(　　)。
    A. 牛牛在幼儿园不愿意说话,也不愿意和其他小朋友一起玩耍
    B. 小刚经常重复说句末的词语,说话时小脸涨红,结结巴巴
    C. 飞飞和别人谈话时喜欢咬手指
    D. 豆豆回答不出老师的提问时,急得大哭

20. 矫正幼儿口吃的主要方法是(　　)。
    A. 密切关注　　B. 严格要求其改正　　C. 让幼儿多说话　　D. 解除紧张

21. 导致幼儿发育迟缓可能有先天的原因也可能有后天的原因。下面各项中不属于导致幼儿发育迟缓原因的是(　　)。
    A. 先天性矮小　　B. 染色体异常　　C. 营养不良　　D. 心理阴影

22. 学前儿童骨骼发育的特点是(　　)。
    A. 有机物多,无机物少;硬度大,弹性小　　B. 有机物少,无机物多;硬度大,弹性小
    C. 有机物少,无机物多;硬度小,弹性大　　D. 有机物多,无机物少;硬度小,弹性大

23. 学前儿童新陈代谢旺盛,4—7岁儿童每分钟呼吸(　　)。
    A. 16—20次　　B. 20—25次　　C. 25—30次　　D. 30—35次

24. 学前儿童血液量与体重的比例(　　)成人。
    A. 小于　　　　B. 大于　　　　C. 等于　　　　D. 不确定

25. 学前儿童皮肤薄嫩,渗透作用(　　)。
    A. 弱　　　　B. 强　　　　C. 一般　　　　D. 不确定

26. 小儿肥胖症是指幼儿体重超过按身高计算的平均标准体重的(　　)。
    A. 20%　　　　B. 25%　　　　C. 30%　　　　D. 35%

27. 下列各项中不属于含优质蛋白质的食物是(　　)。
    A. 牛奶　　　　B. 薯类　　　　C. 瘦肉　　　　D. 豆制品

28. 有一类幼儿被称为"星星的孩子"——犹如天上的星星,一人一个世界,独自闪烁。这类幼儿不愿意和他人交流,兴趣狭窄,语言表达不流畅。其引起原因最可能是(　　)。
    A. 肥胖症　　　　B. 自闭症　　　　C. 发育迟缓　　　　D. 多动症

29. 面对患有口吃的幼儿,教师的正确引导十分重要。下列各项中有利于改善口吃的是(　　)。
    A. 与患儿讲话时要保持心平气和、不慌不忙,使儿受到感化
    B. 幼儿在课堂上结巴时,严格要求其改正错误,直到说正确为止
    C. 应该让患有口吃的幼儿少参加集体活动,多与父母相处
    D. 为了避免其他孩子的嘲笑,不让患有口吃的儿童在公共场合说话

30. 3—6岁幼儿运动时,正常脉率高峰区间应是(　　)。
    A. 90—110次/分　　　　B. 110—130次/分
    C. 130—150次/分　　　　D. 150—170次/分

31. 儿童的正常听力范围一般为0—20分贝,判断轻度听力障碍的标准是:听力在(　　)。
    A. 71—90分贝之间　　　　B. 56—70分贝之间
    C. 36—55分贝之间　　　　D. 21—35分贝之间

32. 奇奇经常坐立不安,学习时注意力不集中,还容易发脾气,爸爸妈妈一指出他的错误他就撅嘴生气。面对这种情况,父母正确的做法是(　　)。
    A. 顺着他的做法,不然会导致情况恶化
    B. 强行制止他的不良行为,及时批评纠正错误
    C. 一切顺其自然,不对他的行为做任何干涉
    D. 耐心纠正他的错误,并正确引导

33. 幼儿患佝偻病,主要是缺乏(　　)。
    A. 维生素B　　　　B. 维生素C　　　　C. 维生素D　　　　D. 维生素E

34. 对儿童的如厕能力训练一般应开始于(　　)。
    A. 1.5岁　　　　B. 2岁　　　　C. 2.5岁　　　　D. 3岁

35. 缺锌会导致婴幼儿(　　)。
    A. 食欲减退　　　　B. 夜盲症　　　　C. 佝偻病　　　　D. 肌无力

36. 幼儿园教育活动是一个有机的整体,具体为三大活动,它们是游戏活动、教学活动和(　　)。
    A. 学习活动　　　　B. 体育活动　　　　C. 生活活动　　　　D. 实践活动

37. 当幼儿发生车祸时,应该立即拨打的求救电话是(　　)。
    A. 110、120、122　　　　B. 110、114、122　　　　C. 110、119、122　　　　D. 119、120、122

38. 养成幼儿良好生活、学习习惯的主要途径是(　　)。
    A. 幼儿园日常生活活动　　　　B. 幼儿劳动、节日和娱乐活动
    C. 游戏活动　　　　D. 教学活动

39. 父母肥胖,其小孩也有肥胖的倾向的可能性是(　　)。
    A. 二分之一　　　　B. 三分之一　　　　C. 三分之二　　　　D. 四分之一

40. 凯凯体型很胖,平时非常爱吃零食,不爱运动。作为幼儿园的老师应该(　　)。
    A. 鼓励凯凯多参加运动
    B. 完全不让凯凯吃零食
    C. 冷落凯凯,让他知道身材肥胖不讨人喜欢
    D. 只让凯凯吃蔬菜

41. 可在体内产生热能,供给机体的能量需要的三大产热营养素是(　　)。
    A. 蛋白质、矿物质和碳水化合物　　　　B. 蛋白质、脂类和维生素
    C. 蛋白质、维生素和碳水化合物　　　　D. 蛋白质、脂类和碳水化合物

42. 下列不属于焦虑症幼儿表现特征的是(　　)。
    A. 过分担心、紧张、害怕　　　　B. 口干、出汗、心悸
    C. 头痛、轻微震颤、坐卧不安　　　　D. 分心、焦躁、忧愁

43. 幼儿期攻击性行为的特点之一是(　　)。
    A. 从工具性攻击向敌意性攻击转化　　　　B. 从敌意性攻击向工具性攻击转化
    C. 较多依靠言语的攻击　　　　D. 攻击性行为无明显的性别差异

44. 约翰·鲍尔比通过观察把婴儿的分离焦虑分为三个阶段,具体是(　　)。
    A. 反抗阶段、焦虑阶段、康复阶段　　　　B. 焦虑阶段、失望阶段、康复阶段
    C. 反抗阶段、焦虑阶段、超脱阶段　　　　D. 反抗阶段、失望阶段、超脱阶段

45. 下列各项中最不容易产生分离焦虑的是(　　)。
    A. 从来没有离开过父母的幼儿
    B. 性格安静、沉默寡言的幼儿
    C. 父母注重培养他们的独立能力,鼓励他们探索创新的幼儿
    D. 在家受父母、爷爷奶奶宠爱,一切由父母包办的幼儿

46. 小米的身高比其他幼儿低,这让她的爸爸妈妈很担心。下列各项中不合理的做法是(　　)。
    A. 关注小米的饮食情况,看小米是否挑食厌食
    B. 诊断小米为发育迟缓,让小米的父母带其就医
    C. 平时观察小米的生活习惯,鼓励小米多参加运动
    D. 劝导小米的爸爸妈妈先要弄清小米身材矮小的原因,不要过分担心

47. 发育迟缓是指幼儿生长发育过程中出现速度放慢并且顺序异常等现象,发病率在( )。
    A. 1%—2%之间   B. 3%—4%之间   C. 5%—6%之间   D. 6%—8%之间

48. 幼儿肥胖的预防和治疗必须获得家庭和社会的支持,可以从以下几个方面着手,其中不正确的是( )。
    A. 平衡饮食结构,科学合理膳食
    B. 家庭学校联手,禁止幼儿吃肉等高能量食物
    C. 积极运动,消耗能量
    D. 心理矫正,消除消极情绪

49. 分离焦虑是婴幼儿焦虑症的一种类型,多发病于( )。
    A. 学龄前期   B. 入学时期   C. 学龄时期   D. 学龄后期

50. 重度肥胖是指体重超过按照身高计算的标准体重的( )。
    A. 20%   B. 25%—35%   C. 35%—50%   D. 50%以上

51. 自闭症,即孤独症,是一种广泛性发育有障碍的代表性疾病,往往因脑功能异常而引发障碍。其出现的时间经常在( )。
    A. 2岁之前   B. 3岁之前   C. 4岁之前   D. 5岁之前

52. 幼儿鼻中隔易出血,该处出血后正确的处理方法是( )。
    A. 鼻根部涂紫药水然后安静休息   B. 让幼儿略低头冷敷前额鼻部
    C. 止血后半小时内不剧烈运动   D. 让儿童仰卧休息

53. 根据学前儿童身体发育的特点,教育机构要制订正确的饮食制度,儿童进餐必须定时定量,开饭要准时,进餐时间的间隔应该是( )。
    A. 1—2小时   B. 2—3小时   C. 3—4小时   D. 4—5小时

54. 患有夜盲症的人可能是体内缺乏维生素( )。
    A. A   B. B_1 C. C   D. D

55. 下列不属于儿童良好的餐饮习惯的是( )。
    A. 按时吃饭,坐定进食   B. 逐步培养儿童独立吃完自己的饭菜
    C. 注意不让饭菜撒落在桌上和地上   D. 进餐时说说笑笑

56. 幼儿园一日活动要动静交替,这与幼儿神经系统的哪一个特点有关( )。
    A. 易兴奋、易疲劳   B. 不易兴奋、不易疲劳
    C. 易兴奋、不易疲劳   D. 不易兴奋、易疲劳

57. 关于幼儿散步,说法不正确的是( )。
    A. 散步时,幼儿不可以在队列中自由自在地走、停、玩、讲
    B. 组织散步活动应事先了解散步地点和沿途安全卫生状况,并提醒幼儿如厕、饮水
    C. 散步中,要引导幼儿对环境的观察,并随时注意清点人数
    D. 教师可以在散步过程中因时因景进行随机教育和个别教育

58. 神经系统的主要能量来源是( )。
    A. 蛋白质   B. 维生素   C. 矿物质   D. 碳水化合物

59. 当两眼向前视时,两眼黑眼珠的位置不对称,即称为( )。
    A. 斜视   B. 弱视   C. 近视   D. 斜视性弱视

60. 培养幼儿良好生活、卫生习惯的途径有( )。
    ① 开展适宜的教育教学活动   ② 渗透到一日生活中进行教育
    ③ 充分发挥教育合力   ④ 环境的隐性引导
    A. ①②④   B. ②③④   C. ①③④   D. ①②③

61. 预防传染病的措施包括( )。
    A. 管理传染源、切断传播途径、不要出门
    B. 保护易感者、管理传染源、不要出门
    C. 保护感染源、隔离易感者、切断传播途径
    D. 管理传染源、切断传播途径、保护易感者

62. 学前儿童容易缺乏的矿物质主要有( )。
    A. 钙、镁、钾、钠   B. 钙、镁、铁、锌
    C. 钙、锌、碘、硒   D. 钙、铁、锌、碘

63. 给6个月以下乳儿降温最为安全的方法是( )。
    A. 药物降温   B. 物理降温   C. 降低室温   D. 热敷

64. 乳牙过早丢失的主要原因是( )。
    A. 龋齿   B. 缺碘   C. 长期流涎   D. 错齿

65. 构成甲状腺素的原料之一是( )。
    A. 铁   B. 锌   C. 碘   D. 钙

66. 谷类是人们一日三餐必不可少的食物,它可提供的营养成分主要是( )。
    A. 蛋白质   B. 脂肪   C. 碳水化合物   D. 维生素

67. 阳光中的紫外线照射到皮肤上可生成( )。
    A. 维生素 A   B. 维生素 B_1 C. 维生素 C   D. 维生素 D

68. 对出生头4—6个月的孩子,最好的食物和饮料是( )。
    A. 牛奶   B. 羊奶   C. 鲜果汁   D. 母乳

69. 计划免疫属于( )。
    A. 自然自动免疫   B. 自然被动免疫
    C. 人工自动免疫   D. 人工被动免疫

70. 新生儿的脑量是350克,6个月时达到600克,1岁时达到900克,3岁时达到1000克,6岁时达到( )。
    A. 1100克   B. 1200克   C. 1300克   D. 1450克

71. 生长发育的形态指标反映学前儿童身体外形的变化,其中使用最广泛的是( )。
    A. 身高、体重和头围   B. 身高、体重和坐高
    C. 身高、坐高和头围   D. 身高、体重和腰围

二、简答题(每小题 15 分)

1. 有研究者对幼儿园园长、教师做了一个调查,调查题目是:"要全面真实地了解你园的保教质量,你认为最好什么时间段到你园?"调查结果如下图所示。请从幼儿一日生活的意义的角度,简述你对这一结果的看法。

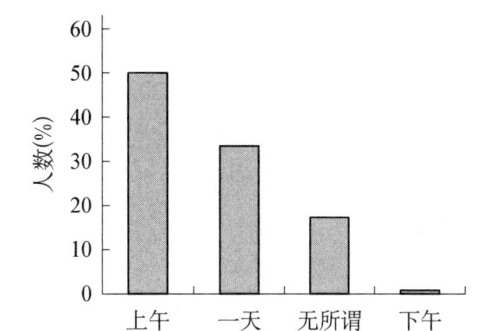

"什么时间段到园了解保教质量"的人数百分比图

2. 教师在户外体育活动中如何保障幼儿安全?

3. 简述幼儿工具性攻击和敌意性攻击的异同。

4. 简述自闭症的具体表现。

5. 简述多动症幼儿的常见行为表现。

6. 简述幼儿心理健康的标准。

7. 简述幼儿安全教育的方法。

8. 简述幼儿园一日生活常规的主要环节。

9. 简述种植活动对幼儿发展的价值。

10. 简述幼儿运动系统的保育要点。

11. 简述幼儿呼吸系统的保育要点。

12. 简述幼儿消化系统的保育要点。

13. 简述幼儿神经系统的保育要点。

14. 简述学前儿童生长发育规律。

15. 简述学前儿童生长发育的评价指标。

16. 简述营养素按功能和化学结构的分类。

17. 简述幼儿园合理安排幼儿膳食的原则。

18. 简述学前儿童饮食行为习惯的培养策略。

19. 简述佝偻病产生的主要原因。

20. 简述手足口病的预防措施。

21. 简述幼儿误服毒物的急救措施。

三、论述题（每小题 20 分）

1. 试论述如何在一日生活中实现社会领域的教育目标。

2. 论述多动症幼儿的常见行为表现及其教育策略。

四、材料分析题（每小题20分）
1. 阅读材料，回答问题。

材料：

3岁的阳阳从小跟奶奶生活在一起。刚上幼儿园时，奶奶每次送他到幼儿园准备离开时，阳阳总是又哭又闹。当奶奶的身影消失后，阳阳很快就平静下来，并能与小朋友们高兴地玩。由于担心，奶奶每次走后又折返回来。阳阳再次看到奶奶时，又立刻抓住奶奶的手，哭泣起来。

问题：

针对上述现象，请结合材料进行分析。

2. 阅读材料，回答问题。

材料：

某园大班发现一例甲型肝炎患儿，该园立即采取了以下措施：
（1）将患儿进行隔离，时间为30天；
（2）对患儿使用过的玩具、食具进行消毒；
（3）对该大班幼儿进行医学观察。

问题：
（1）该幼儿园的做法是否恰当？（6分）
（2）幼儿园还应该采取哪些预防措施？（14分）

3. 阅读材料，回答问题。

材料：

离园时，李老师发觉琪琪的衣服挺别扭，仔细一瞧，原来是纽扣扣错位了。在李老师的指导下，琪琪笨拙地解开了一个又一个纽扣，准备重扣。正在这时，琪琪妈妈出现在活动室门口。显然，她已看到了一切，脸上写满了不高兴。只见她快步上前，动手要帮琪琪扣纽扣。李老师一把拉住她说："瞧这衣服模样，就知道肯定是琪琪自己穿的。琪琪能够独立穿衣，这是一件值得高兴的事啊！让她再练习一下，相信她会有进步的，你说对吗？"琪琪妈妈听了李老师的话后，似乎悟出了什么，脸慢慢地由阴转晴，笑眯眯地对琪琪说："乖孩子，慢慢扣，妈妈等着你！"

问题：

请结合幼儿园生活常规管理的相关原理，分析李老师的行为。

4. 阅读材料，回答问题。

   材料：

   有人说，孩子患龋齿是从小吃糖多造成的，所以很多家长都严格控制孩子吃糖及含糖多的食品，以预防孩子患龋齿。

   问题：

   你认为这有道理吗？（4分）为什么？（6分）应如何预防幼儿龋齿？（10分）

5. 阅读材料，回答问题。

   材料：

   中班的小朋友丽丽和艳艳的家在同一个小区，两人从小一起长大，是非常要好的朋友，总有说不完的话，总在一起玩，睡午觉也要睡在紧挨在一起的床上。秋天到了，天气渐渐变凉，两个孩子吃完午饭，在幼儿园院子里跑来跑去捡落叶，玩得很高兴。午睡时，两个人还兴奋着，老安静不下来，叽叽喳喳说个不停。值班老师说了几次都没用，一生气，就把两个只穿着内衣的女孩提了起来，要求罚站，两个孩子这才终于乖了。

   问题：

   请运用所学的教育理论分析值班教师的行为。

四、活动设计题（每小题30分）

新入园的小班幼儿在洗手时出现了许多问题：有的把袖子弄湿、不洗手背、冲不干净皂液，有的争抢或拥挤、玩水忘记洗手、擦手后毛巾乱放在架子上，有的握不住大块肥皂，有的因毛巾架离水池远，一路甩水把地面弄得很湿……

请针对上述问题，设计一份改进洗手环节的工作方案。要求写出对问题的分析、工作目标、解决各类问题的主要方法。

姓　　名：_____
学　　号：_____
得　　分：_____
教师签名：_____

第五章　环境创设

一、选择题（每小题3分）

1. 关于幼儿游戏活动区的布置，正确的说法是（　　）。
   A. 以阅读为主的图书区可与"娃娃家"放在一起
   B. 自选游戏环境的创设是由教师进行的
   C. 可在积木区提供一些人偶、小动物、交通工具模型等辅助材料
   D. 娃娃家应该是完全敞开式，让每个人都能看到里面有什么

2. 幼儿园环境分为物质环境和（　　）。
   A. 社会环境　　B. 精神环境　　C. 城市环境　　D. 局部环境

3. 下列选项中，对幼儿教育质量影响最小的是（　　）。
   A. 经费投入　　B. 师幼互动　　C. 教师学历　　D. 高档园舍

4. 幼儿园环境创设中，使用易于识别的生活行为规则标识图，其主要目的是（　　）。
   A. 美化环境
   B. 便于幼儿看图说话
   C. 便于幼儿认识各种符号
   D. 便于幼儿习得生活技能和行为准则

5. 幼儿园环境是儿童生活的基本保障，是幼儿园的"第三位教师"。下列属于幼儿园精神环境的是（　　）。
   A. 户外绿化　　B. 种植园地　　C. 园风　　D. 园所建筑

6. 有的幼儿园在课程中将社区的历史、风俗、革命传统等作为乡土教材来利用，使幼儿园教育内容丰富而有特色。这发挥了（　　）对幼儿园教育的意义。
   A. 社区资源　　B. 社区环境　　C. 社区习俗　　D. 社区文化

7. 教师在布置活动区域时，尽量把性质相似的活动区安排在一起。这是利用活动区之间的（　　）。
   A. 界限性　　B. 相容性　　C. 转换性　　D. 规则性

8. 对幼儿园活动的正确理解是（　　）。
   A. 儿童尽情地随意玩耍
   B. 在安全的前提下按课程的要求活动
   C. 为儿童舒展筋骨而开展活动
   D. 教育过程就是活动过程，促进儿童身心健康发展

9. 创设幼儿园环境时应考虑不同地区、不同条件幼儿园的实际情况，因地制宜，因陋就简。这体现了（　　）。
   A. 开放性原则　　B. 经济性原则　　C. 发展适宜性原则　　D. 参与性原则

10. 幼儿园里的开关、插座一般设置在幼儿不易够到的位置，幼儿园小班一般不用体积过小的玩具等。这体现了幼儿园环境创设的（　　）。
    A. 可变性原则　　B. 安全性原则　　C. 参与性原则　　D. 经济性原则

11. 环境与教育目标一致的原则是指环境的创设要体现环境的（　　）。
    A. 目的性　　B. 优美　　C. 教育性　　D. 多样性

12. 教师的教育理念、教育行风、人际关系和情感氛围属于环境中的（　　）。
    A. 广义环境　　B. 物质环境　　C. 精神环境　　D. 教育环境

13. 下面关于幼儿参与环境创设的说法，不正确的是（　　）。
    A. 幼儿应参与设计构思、材料搜集、动手制作和布置的全过程
    B. 幼儿是环境创设的旁观者和享用者
    C. 幼儿的积极性、主动性、创造性可以得到最大限度的释放
    D. 幼儿是环境创设的积极参与者和互动者

14. 创设幼儿园物质环境时，小班环境要有结构简单、色彩鲜艳、富有感官刺激等特点；中班环境在小班的基础上要突出操作性；大班环境要突出探索性和实验材料的丰富性。这主要体现了幼儿园物质环境创设原则中的（　　）。
    A. 经济性原则　　B. 发展适宜性原则　　C. 动态性原则　　D. 开放性原则

15. 充分利用当地的自然优势，为幼儿修沙坑，让幼儿在沙坑里做造型，进行结构游戏，用树枝在沙上画画、写字。这一环境创设贯彻的是（　　）。
    A. 目标导向性原则　　B. 发展适宜性原则　　C. 幼儿参与性原则　　D. 经济性原则

16. 创设幼儿园物质环境在强调安全和卫生的前提下，应当力求做到（　　）。
    A. 儿童化、教育化、绿化和美化
    B. 年轻化、知识化、绿化和美化
    C. 儿童化、知识化、绿化和美化
    D. 年轻化、教育化、绿化和美化

17. "父母是孩子的第一任老师，父母若放任孩子不管，孩子恶习一旦养成，学校不知要花多少时间和精力来对他进行'再教育'，这对孩子、家庭和学校都是巨大的损失。"提出这个观点的教育家是（　　）。
    A. 蒙台梭利　　B. 福禄贝尔　　C. 苏霍姆林斯基　　D. 克鲁普斯卡娅

18. 可以培养幼儿学习的内在动机，提高他们与环境和材料交往的积极性的是（　　）。
    A. 讨论法　　B. 探索法　　C. 操作法　　D. 评价法

19. 关于评价法在幼儿园环境创设中的使用，不正确的是（　　）。
    A. 对环境质量的评价
    B. 包括对幼儿适应环境的评价
    C. 包括对幼儿的环境创设和互动行为的评价
    D. 只能了解环境与幼儿行为的相互影响，无法了解幼儿的发展状况

20. 影响着幼儿园的精神风貌，对全园的成人和幼儿都有潜移默化的作用的是（　　）。

A. 幼儿园文化　　　B. 幼儿园环境　　　C. 幼儿园师资　　　D. 幼儿园课程
21. 活动区的活动多为(　　)的活动。
　　A. 幼儿自选　　　B. 教师指定　　　C. 家长参与　　　D. 师生商定
22. 幼儿园活动区材料投放原则有：目的性、适宜性、丰富性、层次性和(　　)。
　　A. 共生性原则　　B. 操作性原则　　C. 经济性原则　　D. 审美性原则
23. 教师在幼儿园环境创设中具有重要作用。其具体工作是(　　)。
　　① 准备环境　　② 控制环境　　③ 使用环境　　④ 调整环境
　　A. ①②③　　　B. ①②④　　　C. ①③④　　　D. ②③④
24. 下列各项中不属于幼儿园环境创设内容的是(　　)。
　　A. 购买大型玩具　　　　　　　B. 家长帮忙做教具
　　C. 安装塑胶地板　　　　　　　D. 选择较清静的场所
25. 在幼儿园的保教活动中,教师往往要求幼儿主动与同伴一起学习与活动,并与他们友好相处。这主要是希望培养幼儿的(　　)。
　　A. 主体性意识　　B. 独立生活能力　　C. 人际交往能力　　D. 规则意识
26. 幼儿园常设的活动区中,积木区的区域设置目标不包括(　　)。
　　A. 促进幼儿合作能力的发展　　　B. 促进幼儿表达能力的发展
　　C. 发展幼儿的空间知觉　　　　　D. 发展幼儿的审美能力
27. 从幼儿的生活、安全、活动和交往的需求来分,幼儿园环境应当包括(　　)。
　　A. 语言环境、运动环境、劳动环境和游戏环境
　　B. 生存环境、安全环境、活动环境和交往环境
　　C. 物理环境、精神环境、家庭环境和社区环境
　　D. 空间环境、制度环境、文化环境和心理环境
28. 电池、磁铁、放大镜、沙漏、天平等材料应投放在(　　)。
　　A. 科学区　　　B. 木工区　　　C. 美工区　　　D. 语言区

二、简答题(每小题15分)
1. 简述幼儿园心理环境创设的重要意义。

2. 简述幼儿园环境创设的原则。

3. 简述幼儿园环境创设的基本要求。

4. 简述幼儿园活动区创设的原则。

5. 幼儿园如何有效利用社区资源？

6. 简述活动区材料投放利用的具体要求。

三、论述题(每小题 20 分)

1. 什么是幼儿园环境？为什么幼儿园教育中要强调创设良好的幼儿园环境？请联系实际说明。

2. 某幼儿园的区角活动创设很有特色。每个班里都至少有 7—8 个区域供孩子们分组探索活动,有小菜场、智力活动区、科学活动区、动手操作区、表演区、音乐活动区、语言区等,内容非常丰富。但仔细看才发现：语言区里幼儿用来排图讲述的图片已经积了一层灰,而且排得过于整齐；智力活动区里的几幅拼图塑封完好、无人问津,原因是这些材料太难了,该班幼儿不感兴趣。

   试从幼儿园环境创设的角度,评析该幼儿园区域环境创设中存在的问题并提出建议。

四、材料分析题(每小题 20 分)

1. 阅读材料,回答问题。

   材料：

   幼儿园大一班开展识字比赛,教师为此创设了班级墙面环境。

   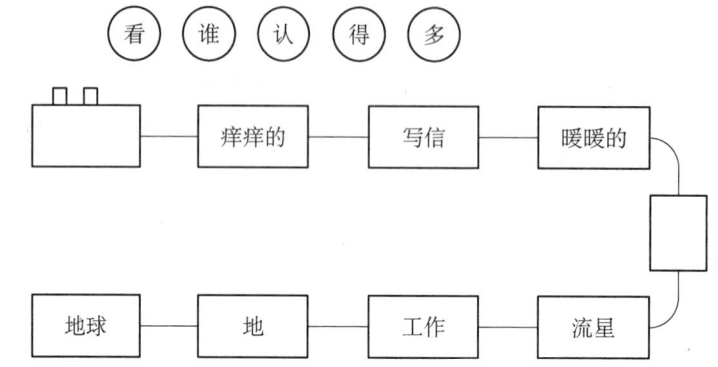

   问题：

   请根据创设环境基本原则,对材料中的识字比赛创设环境进行解析。

2. 阅读材料,回答问题。

场景1:

某幼儿园的运动场上摆放着攀爬网、独木桥、高跷、跳袋、推车等运动器具,小朋友们自由选择好器具后开始玩了起来。通过观察发现攀爬网、独木桥被冷落,较少幼儿喜欢玩。过了一会儿,一个叫圆圆的幼儿对好朋友哲哲说:"我们一起去玩攀爬网好吗?"哲哲皱着眉头说:"不要,我害怕。"圆圆又指着稍矮一些的独木桥说:"那我们一起去玩那边的独木桥吧,这个矮一点儿,你该不怕了吧?"哲哲还是一脸为难的样子说:"我不想去,还是你自己去吧!"说着就去玩小推车了。就这样圆圆只能独自一人去玩了……接连许多日子,虽然老师在不断地鼓励幼儿,但是运动时段里像圆圆那样去攀爬网运动的小朋友依然较其他地方要少许多。

场景2:

在提供的运动器械的基础上,幼儿教师们增加了一些小道具:瓢虫帽子、软布小花、软塑积木、用纸板箱制作的猫咪、钓竿及幼儿绘画的小鱼等,创设出给小猫喂鱼(设置了独木桥)、瓢虫种花(设置了攀爬网)、造高楼等游戏情境。经过观察发现,这三项活动参与的幼儿人数不相上下。有意地观察了圆圆和哲哲,起先是圆圆邀请哲哲:"我们去抓小鱼给小猫吃好吗?"哲哲欣然应允,两人打扮成捕鱼人,提着鱼篓,手拉手跑了过去。这次哲哲勇敢地蹲在窄窄的独木桥上,努力抓起了一条"大鱼",当他把"鱼"喂进"小猫"的嘴里时,脸上露出了开心的笑容。接着他主动对圆圆说:"我们去当小瓢虫好吗?"他们一同来到了瓢虫种花的地方,戴上瓢虫帽,把自己装扮成小瓢虫,背上负重的小包,勇敢地向"小山"(攀爬网)跑去……

问题:

两个场景中的环境设计有何不同?(10分)你赞同哪一种设计?请说明理由。(10分)

3. 阅读材料,回答问题。

材料:

陈鹤琴先生曾经说过:"环境的布置也通过儿童的双手和大脑,通过儿童思想和双手所布置的环境可使他们对环境中的事物更加认识,也更加爱护。"

问题:

(1)你如何理解这句话?(10分)

(2)在幼儿园户外场地的设计过程中应如何体现?(10分)

4. 阅读材料,回答问题。

   材料:

   有的幼儿园在创设物质环境过程中,购买大量高昂的成品玩具,追求高档,教师花费大量心血精心布置了五彩缤纷的墙饰,甚至还买了一些名画进行装饰,环境的布置非常明显地体现了幼儿园中教师的特长和喜好。面对这些高档的材料,教师时刻提醒幼儿注意爱护,甚至很多时候不让幼儿使用这些材料,只是有人来参观时,才拿出来让幼儿操作。这种高档的环境一旦布置好之后,整个学期,甚至整个学年基本不会变动。此外,有的幼儿园小、中、大班环境布置得非常雷同,当人置身其中时,如果不看班级标识牌,根本无法判断是小班、中班,还是大班。

   问题:

   分析以上现象主要违背了哪些原则。(2分)并说明理由。(18分)

五、活动设计题(每小题30分)

1. 以"我爱幼儿园"为题,设计一个小班的活动方案。

2. 为幼儿园小班做一份"环境保护"的教育主题活动设计。

3. 请以"秋天的落叶"为主题写一个活动设计。

姓　名：
学　号：
得　分：
教师签名：

第六章　游戏指导

一、选择题(每小题3分)

1. 幼儿赛跑、下棋一般属于(　　)。
   A. 表演游戏　　B. 建构游戏　　C. 角色游戏　　D. 规则游戏

2. 3—6个月的婴儿可以选择的游戏材料有(　　)。
   A. 流动的小球　　B. 摇铃、摇棒　　C. 有人脸的图片　　D. 大画纸、彩色笔

3. 认为"游戏是为未来生活做准备"的游戏理论是(　　)。
   A. 预演说　　B. 剩余精力说　　C. 复演说　　D. 松弛消遣说

4. 下列关于表演游戏的指导原则,错误的是(　　)。
   A. 游戏性先于表演性
   B. 要确保所组织的活动是"游戏"而不是单纯的表演
   C. 要注重传授表演技巧
   D. 游戏性与表演性应当很好地融合在一起

5. 幼儿反复敲打桌子,在房间里跑来跑去,在椅子上摇来摇去。这类游戏属于(　　)。
   A. 结构游戏　　B. 象征性游戏　　C. 规则游戏　　D. 机能性游戏

6. 下列说法错误的是(　　)。
   A. 小班幼儿容易理解和完成比较简单的智力游戏
   B. 中班幼儿能够独立进行角色分配,但是进入游戏过程比较慢
   C. 幼儿在表演游戏中,往往以有无观众为表演条件
   D. 幼儿表演游戏是幼儿对周围客观世界的一种创造性反映活动

7. 儿童最早玩的游戏类型是(　　)。
   A. 练习游戏　　B. 规则游戏　　C. 象征性游戏　　D. 建构游戏

8. 幼儿以积木、沙、雪等材料为道具来模仿周围现实生活的游戏是(　　)。
   A. 表演游戏　　B. 结构游戏　　C. 角色游戏　　D. 规则游戏

9. 教师在幼儿书写准备的指导中,不恰当的做法是(　　)。
   A. 用图画和符号表达自己的愿望和想法　　B. 书写自己的名字
   C. 养成正确的写画姿势　　D. 学习书写常见汉字

10. 为了让幼儿在户外运动中一物多玩,最适合的做法是(　　)。
    A. 教师集体示范　　B. 幼儿自主探索
    C. 教师分组讲解　　D. 教师逐一训练

11. 在"秋天的树"美术活动中,教师不适宜的做法是(　　)。
    A. 让幼儿按照教师的范画绘画　　B. 组织幼儿观察幼儿园的树
    C. 提供各种树的照片、组织幼儿讨论　　D. 引导幼儿观察有关树木的名画

12. 下列玩具不是从功能角度分类的是(　　)。
    A. 运动性玩具　　B. 建构玩具　　C. 益智玩具　　D. 传统玩具

13. 下列选项中不属于游戏特征的是(　　)。
    A. 主动性　　B. 虚构性　　C. 愉悦性　　D. 选择性

14. 幼儿可随自己的兴趣和力量进行游戏、停止游戏或变换游戏。这是因为游戏具有(　　)。
    A. 自由性　　B. 趣味性　　C. 虚构性　　D. 社会性

15. 从认知发展角度,皮亚杰将儿童游戏分为(　　)。
    A. 感知运动游戏、角色游戏和有规则游戏
    B. 动作模仿游戏、象征性游戏和创造性游戏
    C. 角色游戏、结构游戏和表演游戏
    D. 体育游戏、智力游戏和音乐游戏

16. 福禄贝尔为儿童设计的一系列活动玩具材料被称为(　　)。
    A. 思物　　B. 恩物　　C. 念物　　D. 宠物

17. 幼儿体育游戏过程中最主要的环节是(　　)。
    A. 激发幼儿活动兴趣阶段　　B. 身体准备阶段
    C. 掌握动作技能阶段　　D. 结束阶段

18. 下列游戏中,属于创造性游戏的是(　　)。
    A. 智力游戏　　B. 音乐游戏　　C. 角色游戏　　D. 体育游戏

19. 下列各项中,不属于表演游戏的是(　　)。
    A. 娃娃家　　B. 桌面表演　　C. 影子戏　　D. 木偶戏

20. 游戏在很大程度上受周围事物,如玩具、材料等的直接支配。具有这种特点的游戏一般发生在(　　)。
    A. 学前班　　B. 小班　　C. 中班　　D. 大班

21. 以下关于游戏的指导方法,不正确的一项是(　　)。
    A. 对角色游戏进行指导时,教师可以以角色身份指导游戏
    B. 对结构游戏进行指导时,教师应该手把手地教
    C. 对表演游戏进行指导时,应选择幼儿容易理解又便于表演的作品
    D. 对规则游戏进行指导时,教师应详细介绍游戏及规则

22. 幼儿园活动室内常设的游戏活动区域不包括(　　)。
    A. 角色游戏区　　B. 建构游戏区　　C. 表演游戏区　　D. 设施活动区

23. 广义的游戏环境指游戏活动得以实施的一切条件的总和,包括(　　)。

A. 物理环境和精神环境　　　　　　　B. 室内环境与心理环境
C. 室内环境与精神环境　　　　　　　D. 心理环境和户外环境

24. 体育游戏的指导原则不包括（　　）。
    A. 经常化原则　　B. 多样化原则　　C. 全面发展原则　　D. 娱乐性原则

25. "游戏是个体再现祖先的动作和活动，如钓鱼、爬树，从而让个体摆脱原始的不必要的本能动作，为当代的复杂活动做准备"。持这种观点的理论属于复演论，其代表人物是（　　）。
    A. 弗洛伊德　　B. 桑代克　　C. 霍尔　　D. 埃里克斯

26. 关于幼儿玩具和游戏材料的选择，下列的描述正确的一项是（　　）。
    A. 幼儿玩具的选择应尽量选择高档的
    B. 废旧材料如空纸盒、碎花布等不适合作为幼儿游戏材料
    C. 应根据幼儿年龄特点选择玩具
    D. 给幼儿选择的玩具越小越好

27. 下列不属于智力游戏的组织与指导的一项是（　　）。
    A. 选择和编制合适的智力游戏　　　B. 帮助幼儿构建规则意识
    C. 培养幼儿的游戏策略意识　　　　D. 教给幼儿游戏的策略

28. 儿童按照故事、童话的内容，分配角色，安排情节，通过动作、表情、语言、姿势等来进行的游戏被称为（　　）。
    A. 规则游戏　　B. 建构游戏　　C. 角色游戏　　D. 表演游戏

29. 幼儿在建构游戏中，由独自搭建发展为能与同伴联合搭建。反映了游戏中幼儿（　　）。
    A. 运用材料复杂性的提高　　　　　B. 建构形式趋向高层次化
    C. 社会性发展水平的提高　　　　　D. 行为发展水平得到发展

30. 关于自发性游戏的正确观点是（　　）。
    A. 幼儿园游戏不包括自发性游戏
    B. 自发性游戏不需要教师指导
    C. 教师组织的游戏比自发性游戏有价值
    D. 自发性游戏具有多种教育价值

31. 关于各年龄段儿童建构游戏的特点，下列说法不正确的是（　　）。
    A. 小班幼儿有建构主题，易变化　　B. 中班幼儿建构技能以"架空"为主
    C. 中班幼儿能独立地整理玩具　　　D. 大班幼儿建构技能日趋成熟

32. 下列游戏理论流派中，以埃里斯为代表人物的游戏理论是（　　）。
    A. 精神分析论　　B. 认知结构论　　C. 学习论　　D. 激励调节论

33. 智力游戏、体育游戏和音乐游戏同属于（　　）。
    A. 创造性游戏　　B. 有规则游戏　　C. 表演游戏　　D. 个人游戏

34. 中班游戏的游戏类型大多是（　　）。
    A. 独自游戏　　B. 平行游戏　　C. 联合游戏　　D. 合作游戏

35. 下列不能体现幼儿游戏自主性含义的一项是（　　）。
    A. 幼儿游戏是"我要玩"而不是"要我玩"
    B. 游戏活动体现了幼儿的直接需要
    C. 教师可以选择和决定幼儿做什么游戏以及怎样做
    D. 游戏中幼儿心理需要不受游戏之外的因素支配

36. 幼儿园大班在进行剪纸活动，小朋友们在老师的带领下剪出各种图案。下列老师的评价语中，不合适的一项是（　　）。
    A. "你剪得真好看，这是什么小动物呀？"
    B. "这是什么呀！小狗应该这样剪。"
    C. "敏敏剪的小花真是太漂亮了。"
    D. "大家来看看东东剪的小兔子，真是太像啦！"

37. 下列角色游戏的结束语不符合实际的一句是（　　）。
    A. "现在时间到了，该下班了。"
    B. "没看好病的病人请明天再来吧。"
    C. "时间到了，游戏结束，老师要收玩具了。"
    D. "请还没卖完东西的售货员明天再来。"

38. 在幼儿游戏过程中不属于教师应该扮演的角色是（　　）。
    A. 环境创设者　　B. 游戏观察者　　C. 游戏指导者　　D. 游戏监督者

39. 进行角色游戏的核心前提是（　　）。
    A. 准备游戏场地　　　　　　　　　B. 准备游戏道具
    C. 扮演他人的角色　　　　　　　　D. 揣摩角色特点

40. 下列教师在角色游戏中的指导，违背角色游戏指导原则的一项是（　　）。
    A. 让儿童自己选择想要扮演的角色
    B. 注意儿童在游戏中的表现，把握时机介入指导
    C. 指派小明去演大家都不想演的大树
    D. 同意佳佳想加一个公主的角色的意见

41. 孩子进行角色扮演时，角色选择与安排的基础是：幼儿以往的（　　）。
    A. 知识与经验　　　　　　　　　　B. 成熟与行为
    C. 环境与经验　　　　　　　　　　D. 知识与行为

42. 下列关于教师在角色游戏中的指导，不正确的一项是（　　）。
    A. 教师在指导小班幼儿角色游戏时要鼓励幼儿玩多种主题或相同主题的游戏
    B. 教师在指导中班幼儿角色游戏时要通过讲评游戏引导幼儿分享游戏经验
    C. 教师在指导大班幼儿角色游戏时要在游戏中培养幼儿的独立性
    D. 教师在指导大班幼儿角色游戏时要允许并鼓励幼儿在游戏中进行点滴创造

二、简答题(每小题 15 分)

1. 简述幼儿游戏的基本特征。

2. 游戏满足了幼儿身心发展的哪些需要?

3. 影响学前儿童游戏的个体因素主要有哪些?

4. 简述角色游戏活动中教师的观察要点及其目的。

5. 从儿童发展角度,简述幼儿户外运动的价值。

6. 如何确保幼儿充足的游戏时间?

7. 如何指导有规则游戏?

8. 简述积木游戏对幼儿发展的影响。

9. 简述认知发展理论对游戏阶段的划分。

10. 角色游戏的教育价值。

三、论述题(每小题 20 分)

1. 李老师设计了一个"三只蝴蝶"的游戏活动。她选了三位幼儿扮演蝴蝶，又选了若干幼儿扮演花朵。结果，幼儿兴趣不高，表现被动。还没等游戏结束，一个幼儿就问李老师："老师，游戏完了吗？我们可以自己玩了吧？"

对这种现象，请从幼儿游戏特征和游戏指导的角度进行论述。

2. 试比较表演游戏和角色游戏的异同点。

四、材料分析题（每小题 20 分）

1. 阅读材料，回答问题。

材料：

大班的洋洋想玩"开奖"游戏，他画了很多奖券，还大声叫嚷："快来摸奖呀！特等奖自行车一辆！"

童童在洋洋那里摸到了特等奖，洋洋推给她一把小椅子，告诉她："给你，自行车！"童童高兴地骑上去。

强强也来了，也在洋洋那里摸到了特等奖，洋洋还是推给他一把椅子，强强也很高兴地骑上去，两脚模仿着踩踏板的动作，蹬个不停。

老师也来了，洋洋高兴地让老师摸奖，结果老师也摸到一个特等奖。洋洋迫不及待地把一把椅子推给老师，还说道："恭喜恭喜，你摸到一辆自行车！"可是，老师却说："你这自行车一点也不像，怎么没有轮子呀，应该给它装上轮子！"洋洋低头看看自己的"自行车"，愣住了。在接下来的时间里，洋洋忙着按老师说的给他的"自行车"装上轮子，开奖活动不得不停了下来……

问题：

（1）老师对洋洋游戏的干预合适吗？（2分）

（2）请对洋洋的游戏方式和老师的干预方式作出分析和判断。（18分）

2. 阅读材料，回答问题。

材料： 中班角色游戏中，有幼儿提出要玩"打仗"游戏，他们在材料柜里翻出好久不动的玩具吹风机当"手枪"、仿真型灯箱当"大地"，"哒哒哒"地打起来，玩得不亦乐乎。李老师看到此情景非常着急，连忙阻止："这是理发店的工具，不能这样玩。"

问题：

（1）李老师的阻止行为是否合适？（2分）请说明理由。（10分）

（2）如果你是李老师，你会怎么做？（8分）

3. 阅读材料,回答问题。

   材料:
   李老师发现幼儿园大班"理发店"的"顾客"很少,"顾客"对"理发店"不感兴趣。于是,李老师带幼儿到理发店参观。在理发店里,李老师引导幼儿观察理发店里的设施,理发师与顾客的活动,鼓励幼儿向理发师咨询问题;记录幼儿的问题,还拍下了许多照片。幼儿在理发店看到顾客躺着洗头,梳理发型以及理发店里的各种工具等。回到幼儿园,李老师组织幼儿讨论"如何开好理发店",并把照片展示给孩子进行回顾。有的幼儿反映没有躺椅,有的反映没有发型书,李老师则启发幼儿自己用积木做躺椅,自己画发型,之后,"理发店"生意红火了起来。

   问题:
   请分析案例中教师采用了哪些策略来支持幼儿的游戏活动。

4. 阅读材料,回答问题。

   材料:
   角色游戏中,大二班在教室里开展理发店主题游戏。教师为了提升幼儿的游戏水平,主动为幼儿制作了理发店价目表(如下表所示)。

理发店价目表			
美发区		美容区	
洗发	10元	面部清洁	10元
剪发	10元	美白面膜	15元
烫发	30元	造型设计	20元
染发	30元	身体按摩	20元

   问题:
   请结合你对角色游戏的理解,分析教师提供价目表这一做法是否适宜,并提出建议。

5. 阅读材料,回答问题。

   材料:
   有媒体指出,现在的小孩越来越不会玩了。他们发现,父母总是希望自己的孩子穿得干干净净,不允许他们做那些可能会弄脏衣服的游戏。同时,很多的年轻父母觉得游戏对于孩子的成长意义不大,为了不让孩子输在起跑线上,应该花更多的时间来学习画画、英语、钢琴等。

   问题:
   请结合游戏对儿童成长的作用分析这些父母的做法。

姓　名：_____
学　号：_____
得　分：_____
教师签名：_____

第七章　教育活动指导

一、选择题（每小题3分）

1. 教师在组织中班幼儿歌唱活动时，合理的做法是（　　）。
   A. 要求幼儿用胸腔式联合呼吸法唱歌
   B. 鼓励幼儿用最响亮的声音唱歌
   C. 要求幼儿用自然的声音唱歌
   D. 鼓励幼儿唱八度以上音域的歌唱

2. 对幼儿园活动的正确理解是（　　）。
   A. 儿童尽情地随意玩耍
   B. 在安全的前提下按课程的要求活动
   C. 为儿童舒展筋骨而开展活动
   D. 教育过程就是活动过程，促进儿童身心健康发展

3. 在幼儿教育活动中，最能为幼儿提供交谈机会的组织形式是（　　）。
   A. 小组活动　　B. 班集体活动　　C. 全园活动　　D. 个别活动

4. 幼儿园的基本活动是（　　）。
   A. 保育　　B. 保育和教育　　C. 游戏　　D. 照看孩子

5. 某幼儿园中班在"我爱春天"主题活动中投放了春天的各种图片、各种儿童图画、歌唱春天的磁带、道具等材料。这种材料投放方式属于（　　）。
   A. 按主题投放　　B. 按目标投放　　C. 不同层次投放　　D. 分期分批投放

6. 在幼儿园的保教活动中，教师往往要求幼儿主动与同伴一起学习与活动，并与他们友好相处。这主要是希望培养幼儿的（　　）。
   A. 主体性意识　　B. 独立生活能力　　C. 人际交往能力　　D. 规则意识

7. 关于幼儿园活动过渡的说法，不正确的是（　　）。
   A. 活动过渡是幼儿从一个活动到另一个活动之间的转换活动
   B. 活动过渡可以让幼儿得到休息和调整，不需要教师的组织和计划
   C. 活动过渡可帮助幼儿建立初步的时间观念
   D. 活动过渡可丰富幼儿的生活内容，使生活环节转换自然有序

8. 幼儿园教育活动是一个有机的整体，具体为三大活动，它们是（　　）。
   ① 游戏活动　② 教学活动　③ 生活活动　④ 体育活动
   A. ①②③　　B. ②③④　　C. ①③④　　D. ①②④

9. 幼儿园活动内容选择要有一定的科学依据。下列各项中错误的一项是（　　）。
   A. 学前儿童的兴趣、经验
   B. 教师的爱好
   C. 儿童的教育目标
   D. 知识的内在联系

10. 教师选择给幼儿的学习内容，应有一定的难度，而且是逐渐加深的，需要幼儿做出一定的努力才能学会。这体现了幼儿园教育活动的（　　）。
    A. 活动性原则　　B. 发展性原则　　C. 直观性原则　　D. 个别对待原则

11. 赵老师在省政府机关幼儿园工作，她对班上每个孩子家长的工作单位和职务都了如指掌。在日常的保教活动中，赵老师对省政府工作人员的孩子总是特别关照。赵老师的做法（　　）。
    A. 不正确，没有维护幼儿的同伴关系
    B. 不正确，没有做到对幼儿一视同仁
    C. 正确，有利于良好家园关系的建立
    D. 正确，有利于获得更多的办园资源

12. 除了专门组织的保育教育活动以外，幼儿园教育的一条重要途径是（　　）。
    A. 一日生活　　B. 游戏活动　　C. 日常活动和生活　　D. 家庭教育

13. 下列各项中，不属于幼儿园教育活动途径的是（　　）。
    A. 家园合作
    B. 日常活动与生活
    C. 专门组织的教育教学活动
    D. 专题讲座

14. 教师观察、发现和指导儿童最经常、最自然、最容易的活动是（　　）。
    A. 餐饮活动　　B. 生活活动　　C. 盥洗活动　　D. 整理活动

15. 活动过程设计包括导入设计、基本部分和结束部分的设计。其中基本部分的设计包括（　　）。
    A. 活动目标、活动内容、活动方式设计等
    B. 活动计划、问题设计、评价方式设计等
    C. 活动安排、提问设计、线索设计等
    D. 活动目标、活动形式、评价设计等

16. 每次教学活动前，伍老师都会组织小朋友们做"请你跟我这样做"的游戏，每次动作都一样，小朋友们感觉有些乏味。这天伍老师又做这个游戏，她热情地说："请你跟我这样做。"小英突然冒出一声："不想跟你这样做。"全班孩子哄堂大笑。对此，伍老师恰当的做法是（　　）。
    A. 停止游戏，直接进入教学活动环节
    B. 停止游戏，批评该小朋友扰乱秩序
    C. 继续游戏，对小朋友的捣乱声音不理睬
    D. 继续游戏，根据小朋友兴趣调整游戏动作

17. 在科学活动《奇妙的气味》中，教师准备了分别装有水、食醋、酱油等液体的瓶子，请幼儿看一看、闻一闻。幼儿在活动中使用的方法是（　　）。
    A. 实验　　B. 参观　　C. 观察　　D. 讲述

18. 运用讨论法教学应该避免的情形是（　　）。
    A. 让孩子想到什么就说什么
    B. 提供孩子们充分自由的氛围
    C. 设法让孩子们感觉到轻松愉快
    D. 发现孩子说得不正确时立刻制止

19. 下列说法正确的是（　　）。
    A. 幼儿教育就是幼儿园教育
    B. 促进幼儿的全面发展是家园合作追求的最终目标
    C. 幼儿艺术活动的能力是在标准化的艺术技能训练中形成的
    D. 社会领域的教育具有潜移默化的特点，教师要经常告诉孩子一些社会规则和品德要求

20. 最近徐老师将头发染成了红色。在一处区域活动中，"理发室"里的几个孩子边玩边说："请给我染发，我要红颜色的，像徐老师一样的红色""我也要红颜色的！"徐老师"染头发"的行为（　　）。
    A. 恰当，反映幼儿教师合理的审美需求
    B. 恰当，促进幼儿审美能力的发展
    C. 不恰当，不符合区域活动的组织要求
    D. 不恰当，不符合幼儿教师的仪表规范

21. 依据《幼儿园工作规程》，下列说法不正确的是（　　）。
    A. 健康检查不合格的幼儿，可以拒绝其入园
    B. 幼儿一日活动组织应动静交替，以动为主
    C. 幼儿的每日户外体育活动不得少于一小时
    D. 幼儿园可按年龄分别编班，也可混合编班

22. 由于幼儿是以自我为中心辨别左右方向的，幼儿教师在动作示范时应该（　　）。
    A. 背对幼儿，采用镜面示范
    B. 面对幼儿，采用镜面示范
    C. 面对幼儿，采用正常示范
    D. 背对幼儿，采用正常示范

23. 教师在幼儿书写准备的指导中，不恰当的做法是（　　）。
    A. 用图画和符号表达自己的愿望和想法
    B. 书写自己的名字
    C. 养成正确的写画姿势
    D. 学习书写常见汉字

24. 下列哪种方法不利于缓解或调整幼儿激动的情绪（　　）。
    A. 转移注意力　　B. 斥责　　C. 冷处理　　D. 安抚

25. 幼儿绘画活动中，教师最应该强调的是（　　）。
    A. 画面干净、美观
    B. 画的和教师的一样
    C. 画得越像越好
    D. 按照自己的意愿大胆表达

26. 小（2）班的孩子们在"六一"汇演的节目排练时，洋洋和健健总是不能跟着刘老师做动作，站在原地发呆。为了不影响班集体的表演效果刘老师不让他俩参加演出。刘老师的做法（　　）。
    A. 恰当，教师应尊重幼儿的选择
    B. 恰当，教师应维护班集体荣誉
    C. 不恰当，教师应引导全体幼儿参与集体活动
    D. 不恰当，教师应要求幼儿必须参与集体活动

二、简答题（每小题 20 分）

1. 老师在户外体育活动中如何保障幼儿安全？

2. 简述幼儿健康教育的途径。

3. 简述幼儿集体教学的利与弊。

4. 简述幼儿园教学活动设计的原则。

5. 简述幼儿园教师教学反思的内容。

6. 简述教师在活动区观察儿童的内容。

7. 简述幼儿园亲子活动的意义。

8. 简述幼儿园户外活动中如何做好安全工作。

9. 简述幼儿园如何有效地开展节日活动。

三、材料分析题(每小题20分)
1. 阅读材料,回答问题。
   材料:
   在"认识电"的科学教育活动中,教师为每组幼儿提供了一个线路板,让幼儿把两节电池的正负极连接起来,使小灯泡发亮。结果,幼儿很快获得了成功,并且操作得很熟练。
   问题:
   分析评价该案例中老师的做法。

2. 阅读材料,回答问题。

材料:

在一次活动中,明明在玩"图片排排队",只见他拿起卡片看了看图,就拿在手里玩了起来,不去理会墙壁上的提示,只是随意地贴在了墙上。过了一会儿他又拿起一张青蛙的图片,在手中玩了一会儿后将其贴在了另外一张图片的后面。这样贴了几张图片后,再过一会儿明明干脆连图片上描述的是什么都不看就直接贴墙壁上了。老师见了,认为幼儿在自主活动中,可以通过探索自己发现活动的意义,教师不能过多地介入。

问题:

这位老师的做法对吗?(2分)为什么?(18分)

3. 阅读材料,回答问题。

材料:

A 教师在教幼儿认识蔬菜的时候,在黑板上挂上青菜、西红柿等图片,告诉幼儿它们的名称和特征、用途。

B 老师带领幼儿到附近菜农的地里参观菜农是如何种菜、施肥和浇水的,并让幼儿在班级的自然角里种上蔬菜,做好观察记录。

问题:

你认为哪位教师的做法较好?(2分)为什么?请结合幼儿园教育活动的相关原理进行分析。(18分)

4. 阅读材料,回答问题。

材料:

折一折

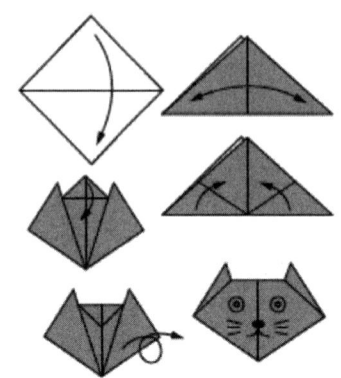

变一变(小猫头还能变成什么动物呢)

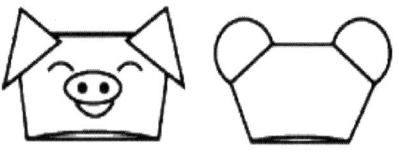

玩一玩(哈!跟手指娃娃一起玩吧)

问题:

上图是大班美工区的一个墙面环境设计,请分析它对促进幼儿学习的积极作用。

5. 阅读材料,回答问题。

材料:

某老师在语言活动"小乌龟开店"的基础上,组织一次角色游戏。首先,老师向幼儿一一出示早已准备好的道具。介绍完道具,配班老师带领全班幼儿"开火车"离开活动室去"剧场"看表演,主班老师忙着在活动室里布置场景:一家花店、一家书店、一家气球店。场地布置好了,幼儿由配班老师带领进入"剧场"。主班老师提问:"谁愿意上来表演?""哗!"几十只小手举了起来。老师挑了五个没有举手而上次语言活动表现又不好的幼儿上来表演。表演时,老师不停地提示孩子们对话,做动作。第二轮,老师请了五个做得好的孩子上来表演,五个孩子表演同一个角色。老师还是不时地按照故事情节规范语言,纠正孩子们的动作。好多孩子忙着摆弄有趣的道具,忘了表演,老师又不停地提醒……

问题:

根据所学的相关知识评价该活动是不是真正意义上的游戏活动。

四、活动设计题(每小题30分)

1. 以"把玩具送回家"(实物归类)为题,设计一个小班的活动方案。

2. 以"小动物与生气虫"为主题,设计一个中班的活动方案。

3. 以下面这组图为参考,设计一个大班安全防火教育活动,要求写出活动名称、活动目标、活动准备、活动过程及活动延伸。

4. 大一班自由活动时间,个别幼儿用泡沫板(30cm×30cm)当滑板玩(如下图),许多孩子也想玩,但有的幼儿滑不起来,有的只能滑一点点。

根据幼儿利用泡沫拼板滑行的兴趣,为大班幼儿设计一个体育活动。要求写出活动名称、活动目标、活动准备、活动过程和活动延伸。

图1 儿童双脚踩一块拼板划行　　**图2** 儿童坐在一块拼板上划行

5. 根据下列素材设计一个大班科学活动,要求写出活动名称、活动目标、活动准备、活动过程。

　　大班的胡老师为幼儿提供了各种吹泡泡的工具,有吹管、铁丝绕成的圈、塑料吹泡泡棒等(如下图所示),让幼儿在户外活动时自己吹泡泡玩。幼儿在吹泡泡的时候,有的能吹出很大的泡泡,有的只能吹出小泡泡,有的能一次吹出好多个泡泡,有的一次只能吹出一个泡泡……结果有的幼儿得意,有的幼儿沮丧。针对上述现象,胡老师打算组织一个科学教育活动,以引发幼儿深入探究的兴趣,并使幼儿了解不同吹泡泡工具与吹出的泡泡之间的关系。

6. 设计一个大班主题活动方案,要求写出主题活动名称、主题活动总目标,包含2个子活动。每个子活动包括活动名称、活动目标、活动准备和活动的主要环节。

　　周一早晨户外活动,幼儿被园子里五颜六色的花吸引了,有的在指认花的颜色,红的、黄的、白的、紫的;有的在数花瓣,三瓣、五瓣、六瓣的;有的在争论花的名字……他们发现有的花朵长得一样,但是颜色不一样,有的花朵有香味,有的没有香味……户外活动结束了,幼儿还一直很兴奋地谈论着……

7. 根据下列素材,设计一个大班能涉及多个领域的系列活动,要求写出3个活动的名称、目标、准备以及主要的活动环节。

　　大班教室里收集了纸板箱、鞋盒、牙膏盒、药品盒等数量众多的盒子,这些大大小小的盒子吸引了幼儿。教师发现很多幼儿利用盒子自发发生了很多活动,涉及各个领域,于是,决定围绕纸箱、纸盒设计出系列活动来满足、推进幼儿的发展。

8. 围绕"帮水宝宝搬家"的主题,设计一个幼儿园小班活动方案。要求写明活动目标、活动准备、活动过程等。

9. 以"城市"为主题,设计一个幼儿园大班的活动方案。

10. 围绕"彩色的世界"的主题,设计一个幼儿园小班活动方案。

11. 以"学数数"为主题,设计一个幼儿园中班的活动方案。

12. 以"美丽的大自然"为主题,设计一个幼儿园大班的活动方案。

13. 以"秋天的水果"为主题,设计一个幼儿园中班活动方案。要求写明活动目标、活动准备、活动过程等。

14. 设计一个幼儿园体育游戏活动方案。

15. 设计一个幼儿园语言教学活动方案。

姓　　名：_____
学　　号：_____
得　　分：_____
教师签名：_____

第八章　幼儿园·家庭·社区·小学

一、选择题(每小题3分)

1. 教师与家长沟通的根本目的是(　　)。
   A. 让家长了解幼儿在园的表现　　　B. 了解幼儿在家的表现
   C. 家园合作,形成教育合力　　　　D. 完成园长交给的任务

2. 幼儿教师了解幼儿最好的信息来源是(　　)。
   A. 同龄人　　　B. 社区人士　　　C. 家长　　　D. 教养员

3. 下列有关幼小衔接的说法,正确的是(　　)。
   A. 幼儿入学适应困难,是因为幼儿园教育过于游戏化
   B. 幼小衔接完全是幼儿园的责任
   C. 幼儿园的幼小衔接工作不仅仅在大班,小中班也应该开展
   D. 幼小衔接主要是教幼儿拼音、认字等内容

4. 目前我国幼儿园与家庭相互配合的形式中最常用的一种形式是(　　)。
   A. 家园联系手册　　B. 家长会　　C. 开放日　　D. 家长委员会

5. 家园联系中最快捷也最灵活的一种方式是(　　)。
   A. 电话联系　　B. 家长学校　　C. 咨询活动　　D. 家长委员会

6. 幼儿的第一所学校是(　　)。
   A. 社会　　　B. 幼儿园　　　C. 家庭　　　D. 外部环境

7. 幼儿的第一任教师也是时间最长的教师是(　　)。
   A. 保育员　　B. 父母　　C. 小学老师　　D. 幼儿园老师

8. 家长参与幼儿园教育的方式可以分为两种形式：(　　)。
   A. 直接参与和间接参与　　　B. 正式参与和非正式参与
   C. 民主参与和个人参与　　　D. 个人参与和群体参与

9. 幼儿园教师与家长进行有效沟通的策略中,下列不正确的一项是(　　)。
   A. 换位思考,尊重家长　　　B. 客观评价,取得信任
   C. 指出缺点,批评教育　　　D. 讲究方法,艺术沟通

10. 目前我国家园合作的形式中,家长参与托幼机构管理的主要形式是(　　)。
    A. 家园联系手册　　B. 家长会　　C. 开放日　　D. 家长委员会

11. 每一位家长都希望能了解幼儿在园的生活,教师要经常给家长创造这样的机会,其中最常采用的方式是(　　)。
    A. 亲子活动　　B. 节日联欢　　C. 开放日　　D. 亲子运动会

12. 下列家庭教育做法中,一种较为合理的做法是(　　)。
    A. 在孩子未成年时,父母全身心地投入到孩子身上,一切为了孩子
    B. 尽量满足孩子的一切要求
    C. 当父母亲的教育观念与爷爷奶奶的相抵触时,以父母的观念为准
    D. 即便是最民主的家庭,也应对孩子有所保留,有时还要适当回避

13. 1981年,联合国教科文组织指出,幼儿教育必须从学校这个封闭的范围中解救出来,扩展到(　　),这一精神现已成为世界幼儿教育共同发展的方向。
    A. 社区　　　B. 家庭　　　C. 社会　　　D. 幼儿园

14. 社区中的腰鼓队表演时,教师带领幼儿去观看,这发挥了(　　)对幼儿教育的意义。
    A. 社区资源　　B. 社区文化　　C. 社区环境　　D. 社区习俗

15. 下列关于幼儿园与社区合作的意义描述不正确的是(　　)。
    A. 适应世界幼儿教育事业发展的需要
    B. 适应幼儿自身发展的需要
    C. 适应家庭教育、社区教育发展的需要
    D. 适应小学教育发展的需要

16. 在幼小衔接工作中,教师要培养幼儿主动与同伴、老师交往,友好相处,这属于(　　)方面的适应能力。
    A. 主动性　　B. 独立性　　C. 人际交往　　D. 规则意识

17. 在幼小衔接过程中,应从根本上发展幼儿的智力,特别是(　　)。
    A. 掌握技能　　B. 记忆知识　　C. 非智力因素　　D. 思维能力

18. 在幼儿入小学后,有的新生在教师询问作业时,很轻松地说："我不喜欢做。""昨天,爸爸带我去姥姥家了,所以我没写。"这种现象要求在幼小衔接工作中要(　　)。
    A. 培养幼儿的主动性　　　　B. 培养幼儿的规则意识和任务意识
    C. 帮助幼儿做好入学前的准备　　D. 培养幼儿的独立性

19. 下列关于幼小衔接的方法,不正确的是(　　)。
    A. 培养幼儿对小学生活的热爱和向往　　B. 培养幼儿对小学生活的适应性
    C. 提前让幼儿学习小学的教材　　　　D. 帮助幼儿做好入学前的学习准备

20. 幼儿园对幼儿进行个别教育和开展家长工作的好时机是(　　)。
    A. 入园和离园　　B. 晨间活动　　C. 自由活动　　D. 散步活动

21. 在本班幼儿过生日的时候进行家访,这种家访在教育学上属于(　　)。
    A. 定期家访　　　　B. 情感性家访
    C. 新生家访　　　　D. 问题儿童的重点家访

22. 以下对幼儿园与家长的关系描述正确的一项是(　　)。
    A. 幼儿园与家长之间是领导与被领导的关系

B. 幼儿园与家长是伙伴合作关系
C. 家长负有监督幼儿园的责任,是监督与被监督的关系
D. 家长与幼儿园的关系是从属关系

23. 下面不属于儿童入学后的适应性问题的是( )。
    A. 睡眠不足   B. 情绪低落   C. 经常感冒   D. 人际关系不良
24. 在幼小衔接过程中,智育的核心是( )。
    A. 非智力因素   B. 思维能力   C. 记忆知识   D. 掌握技能
25. 幼小衔接的工作重点应该放在( )方面。
    A. 入学的适应性   B. 幼儿身体素质   C. 文化课学习   D. 社会性培养
26. 研究结果证明,幼小衔接工作取得成功的有效保证是( )。
    A. 幼儿教师的素质   B. 园校的沟通   C. 家庭的配合   D. 社区的帮助
27. 幼小衔接教育的实质问题是( )。
    A. 主体的适应性问题   B. 幼儿园小学化问题
    C. 小学幼儿园化问题   D. 幼儿的读、写、算问题
28. 下列不属于学前教育小学化倾向的原因的是( )。
    A. 家长望子成龙的心态   B. 幼儿的学习主动性
    C. 师资力量薄弱   D. 办学条件差

二、简答题(每小题 15 分)

1. 简述幼儿园教育与小学教育的主要区别。

2. 幼儿园为什么要为幼儿升入小学做准备?应做哪些准备?

3. 父母陪伴对幼儿健康成长有何意义?

4. 简述幼儿园与家长沟通的策略及具体方法。

5. 简述幼儿园方面开展幼小衔接工作的方法。

6. 幼儿园如何有效利用社区资源?

三、论述题(每小题 20 分)

1. 试述如何做好幼小衔接工作。

2. 有家长说:"这家幼儿园天天让孩子玩,什么都没教。不教拼音,不教写字,孩子连字都认不了几个。"为什么说该家长的说法是错误的?请说明理由。

四、材料题(每小题 20 分)

1. 阅读材料,回答问题。

   材料:

   星期一,A 老师埋怨说:"孩子在家过了一个双休日再回到幼儿园后,许多良好的行为习惯就退步了,不认真吃饭,乱扔东西,活动时喜欢说话,真不知孩子在家时,家长是怎么教育的!"站在一旁的 B 老师颇有同感地说:"是啊,如果家长都能按我们的要求去教育孩子,我们的工作就好做多了!"A 老师接着说:"可这些家长不按我们的要求去做倒也罢了,还经常给我们提这样那样的意见,好像我们当老师的还不如他们懂得多,真拿这些家长没有办法。"

   问题:

   请你运用幼儿园与家庭相互配合的有关理论,分析和评论 A、B 老师的教育观点。

2. 阅读材料,回答问题。

   材料:

   在某幼儿园大班的家长座谈会上,家长们纷纷提出:孩子快上小学了,幼儿园应减少游戏时间,增加算术、识字等教学内容,以便于孩子适应小学的学习生活。

   问题:

   (1) 请根据上述说法,分析家长观念中存在的问题。(10 分)

   (2) 请针对问题,提出解决办法。(10 分)

3. 阅读材料,回答问题。

材料:

大班与小班幼儿跨班互动近一个学期,幼儿彼此已经比较熟悉。春天的一个周末,教师邀请家长一同参加以大带小的远足活动——"大手拉小手"。

活动过程如下:

出发前,教师告诉大家今天要去社区附近的人民公园,请两个班的幼儿自愿结对,每个大班幼儿拉起一个小班幼儿的手,看哪对好朋友的小手拉得紧。到公园休息一会儿后,教师组织大家玩游戏"钻山洞"。

首先,教师与家长搭山洞,请大班幼儿带领小班幼儿钻山洞;然后,组织大班幼儿搭山洞,请小班幼儿钻山洞。教师不断提醒幼儿钻的动作要领。自由活动时,好朋友拉好小手与他们的家长一道欣赏春天的美景。在家长协助下,幼儿用自己喜欢的方式记录远足活动的见闻。

问题:

(1) 上述活动中运用的家园合作方法属于哪一类?(10分)

(2) 活动主要渗透的教育领域是什么?(10分)

4. 阅读材料,回答问题。

材料:

"女儿上幼儿园1个月了,这几天上幼儿园之前总是哭,并且哭得很厉害,感觉好像是特别害怕幼儿园。老师说,女儿在幼儿园表现还可以,可以和小朋友一起玩。早上在幼儿园哭一会儿就好了。可是孩子回家之后稍有不顺心,就哭个没完,脾气也变得越来越坏。"苗苗的妈妈去问老师,女儿这样实在让人伤脑筋,她是不是在幼儿园受了什么委屈,或者心理有了什么阴影。

问题:

如果你是苗苗的老师,你怎么跟家长沟通?

五、活动设计题(每小题20分)

请根据《幼儿园入学准备教育指导要点》在幼儿社会准备方面提出的关于"具备任务意识和执行任务的能力"的教育建议,设计一个大班幼小衔接方面的社会领域活动,题目自拟,要求写明:活动设计意图、活动目标、活动准备、活动重难点、活动过程、活动延伸。

第九章 幼儿园教师

一、选择题(每小题3分)

1. 幼儿教师最重要的素质是(　　)。
   A. 知识丰富　　B. 会讲故事　　C. 会弹琴画画　　D. 关爱幼儿

2. 教师张某在某民办幼儿园上班,因工作严重失误,被幼儿园解聘。张某不服,她可以采取的救济途径是(　　)。
   A. 提出申诉和依法诉讼　　　　B. 劳动仲裁和行政复议
   C. 依法检举和行政复议　　　　D. 诉讼赔偿和行政管制

3. 月月说话时有口吃现象,如"老……师好,我爷……爷送我来的。"老师不仅鼓励月月,还加强了家园配合。该老师的做法体现的教师职业道德的特征是(　　)。
   A. 多样性　　　　　　　　　　B. 双向性
   C. 专业性　　　　　　　　　　D. 复杂性

4. 马老师在活动反思中写道:"使用档案袋对幼儿的表现进行评价,经常需要花费额外的时间,与其在这些花样上花时间,不如把精力多用在孩子身上。"这表明马老师(　　)。
   A. 缺少幼儿学情分析意识　　　B. 缺少经验提炼的能力
   C. 缺少幼儿发展评价能力　　　D. 缺少教学决策的意识

5. 吴老师任教的班级有几位小朋友在全国幼儿绘画大赛中获得荣誉,每位家长自愿拿出200元表达对吴老师的谢意。吴老师正确的选择是(　　)。
   A. 接受,这是尊师重教优良传统的体现
   B. 接受,这是教师社会地位提高的象征
   C. 接受,这是教师的辛勤劳动所得
   D. 婉拒,这是变相的腐败行为

6. 每当班里的小朋友请教课堂上没听懂的问题时,李老师总是批评小朋友没有用心听讲,而雷老师则会耐心地给小朋友解答。两位教师的不同做法反映了(　　)。
   A. 职业知识的差异　　　　　　B. 职业理念的差异
   C. 职业能力的差异　　　　　　D. 职业认同的差异

7. 幼儿李某因在上课时嬉戏打闹,被班主任罚打手心10下。班主任的这种做法(　　)。
   A. 正确,有利于维护课堂教学秩序
   B. 错误,不能对幼儿实施体罚或变相体罚
   C. 正确,这是教师惩戒幼儿的权利
   D. 错误,对幼儿的体罚应当适度

8. 小宇上课时经常插话,老师生气地说:"管住你的嘴,不然我就封住你的嘴!"老师的做法(　　)。
   A. 错误,应该杜绝当堂批评　　B. 正确,应该严格要求幼儿
   C. 错误,应该尊重幼儿人格　　D. 正确,应该加强课堂管理

9. 当工作遇到挫折时,刘老师总是能够乐观、豁达地面对。这表明刘老师具备(　　)。
   A. 健康的职业心理　　　　　　B. 丰富的学识修养
   C. 较强的教育能力　　　　　　D. 高尚的职业道德

10. 针对本区域环境污染的现状,张老师带领本组老师编写了有关环境保护的幼儿读本,这突出体现了张老师是(　　)。
    A. 课堂教学的管理者　　　　　B. 课堂教学的组织者
    C. 课程的建设者与开发者　　　D. 学习的指导者与促进者

11. 人们常说:"做教师的不要忘记,自己曾经也是个孩子。"这句话提示教师要(　　)。
    A. 拓宽知识视野　　　　　　　B. 善于换位思考
    C. 淡化教师角色　　　　　　　D. 消除刻板印象

12. "拼图"游戏时,王老师见东东反复地拿起这块放下那块,不知该拿出哪块,急得满脸通红、满头大汗。对此,王老师恰当的说法是(　　)。
    A. "不要着急,我们再试试吧。"　　B. "你看看,晓红是怎么拼的。"
    C. "试试红色正方形的拼板吧。"　　D. "仔细看一下颜色和形状。"

13. 有位幼儿将几片纸屑随意扔在走廊上,王老师路过时顺手捡并丢进垃圾桶,该幼儿满脸羞愧。王老师的行为体现的职业道德是(　　)。
    A. 廉洁奉公　　　　　　　　　B. 为人师表
    C. 爱岗敬业　　　　　　　　　D. 热爱学生

14. 为了准备六一儿童节全园体操表演,刘老师提前一个月组织幼儿反复训练,甚至缩短幼儿午睡及游戏时间。刘老师的做法(　　)。
    A. 错误,不利于儿童身体健康　　B. 错误,不利于儿童个性发展
    C. 正确,有利于提高儿童素质　　D. 正确,有利于儿童全面发展

15. 在美术活动中,孩子们正兴致勃勃地做着手工,忽然停电了,教室里光线不足。此时教师应该(　　)。
    A. 继续组织幼儿手工活动　　　B. 让幼儿自行选择是否继续
    C. 组织幼儿进行户外游戏　　　D. 让幼儿在教室内自由活动

16. 常老师经常利用周末向农民请教农业知识,阅读科普书籍,并把这些内容融入到教学中,还印成小册子分发给同事。这说明常老师具有(　　)。
    A. 课程研发的意识　　　　　　B. 园本教研的意识
    C. 课程评价的意识　　　　　　D. 园本培训的意识

17. 课堂上杨老师对某个问题的解释有错误,被幼儿指出后,杨老师不但没有批评,反而表扬该幼儿善于思考,具有质疑精神。下列说法不恰当的是( )。
   A. 杨老师注重培养学生独立思考能力　　B. 杨老师注重培养学生自我评价能力
   C. 杨老师注重培养学生创新求异能力　　D. 杨老师注重培养学生批判思维能力

18. 涂鸦活动中,贝贝笔下的卢老师奇丑无比,有同伴讥笑贝贝,卢老师对有些不高兴的贝贝笑着说:"宝贝,你把我的头发画得卷卷的挺好看的。"卢老师的行为体现了( )。
   A. 公正待生　　B. 正面激励　　C. 严于律己　　D. 严慈相济

19. 刚参加完培训的张老师自费将培训资料复印给同事,并将自己的心得打印出来与同事分享,下列说法中不正确的是( )。
   A. 张老师富有循循善诱的品德　　B. 张老师富有团结协作的精神
   C. 张老师注重业务能力的提高　　D. 张老师重视专业素养的提升

20. 某幼儿园经常组织老师们相互观摩保教活动,针对活动过程展开研讨,提出完善活动的建议。这种做法体现的教师专业发展途径是( )。
   A. 进修培训　　B. 同伴互助　　C. 师徒结对　　D. 自我研修

21. 焦老师积极参与各种教师培训活动,返园后主动与同事们交流学习的心得体会,并将其运用于保教实践。关于焦老师的做法,下列说法不正确的是( )。
   A. 体现了终身学习的自觉性　　B. 有利于幼师的共同发展
   C. 推动了幼儿园的园本教研　　D. 有利于增进家园合作

22. 午睡起床时,小班的李老师发现小朋友常将两只鞋子穿反,就编了首儿歌:"一双小鞋子,套上小脚丫。背对背,脸背脸,就像刚刚吵过架。咦——怎么了?"小朋友听完儿歌纷纷检查了自己的鞋子,"哦,小鞋子穿反了!"下列选项与该案例所体现的教师职业道德要求相符的是( )。
   A. "不闻不若闻之,闻之不若见之。"
   B. "耳濡目染,不能以习。"
   C. "不愤不启,不悱不发。"
   D. "动人以言者,其感不深;动人以行者,其应必速。"

23. 晓光很有舞蹈天赋,小小年纪已经参加过很多大型比赛,但他不愿参加幼儿园组织的科学活动。方老师劝说道:"老师很喜欢会跳舞的晓光,可是如果你在其他方面也很能干的话,大家会更加喜欢你。"方老师的做法( )。
   A. 不合理,不利于幼儿发展特长
   B. 不合理,不尊重幼儿的兴趣爱好
   C. 合理,教师应该关注幼儿的全面发展
   D. 合理,幼儿必须在各个学习领域平均发展

24. 面对捣乱的幼儿,个别同事采取体罚的办法,但叶老师没有这样做,而是耐心地与幼儿交流,帮助他们改正缺点,这说明叶老师能够做到( )。
   A. 依法执教　　B. 团结协作　　C. 尊重同事　　D. 终身学习

25. 语言活动中,吴老师发现凯凯正在拔前面一个女孩外衣上的绒毛,此刻吴老师恰当的做法是( )。
   A. 停止教学,点名批评　　B. 停止教学,当众罚站
   C. 继续教学,不予理睬　　D. 继续教学,微笑提醒

26. 绘画时,飞飞在纸上画了个黑色的太阳。对此,李老师恰当的做法是( )。
   A. 批评飞飞的画不合理　　B. 耐心地询问飞飞的想法
   C. 替飞飞把太阳涂成红色　　D. 要求飞飞重新红太阳

27. 每次老师提问,小虎总爱抢着回答,但基本上都答错,对此老师应当( )。
   A. 批评小虎不认真思考　　B. 引导小虎认真思考
   C. 当堂批评小虎　　D. 对小虎置之不理

28. 骨干教师闵老师在年终的同行测评中得分不高,很郁闷,活动中幼儿出一点差错他就大发雷霆。闵老师应该( )。
   A. 严格待生,专注教学　　B. 保持个性,坚持自我
   C. 注重反省,调适自我　　D. 迎合同事,搞好关系

29. 每年王老师都给自己制订读书计划,并严格执行。这体现了王老师注重( )。
   A. 团结协作　　B. 教学创新　　C. 终身学习　　D. 循循善诱

30. 小红怀疑同伴小刚偷了她新买的油画棒,并报告了老师,老师便要搜查小刚的衣服口袋,小刚拒绝被搜。该教师的做法( )。
   A. 错误,应当充分尊重信任小刚　　B. 错误,应搜查所有幼儿的口袋
   C. 错误,应避免当众对小刚搜查　　D. 错误,应该通知家长之后再搜

31. 李老师一个学期里对父亲是副乡长的小壮家访了8次,却从未对需要帮助的留守儿童小龙家访过。李老师的做法( )。
   A. 符合主动联系家长的要求　　B. 有违平等待生的要求
   C. 符合因材施教的教育要求　　D. 有违严慈相济的要求

32. 为体现"幼儿为本"的教育理念,教师不正确的说法是( )。
   A. 尊重幼儿人格　　B. 为幼儿提供适合教育
   C. 调动幼儿的主动性　　D. 让幼儿主动选择课程

33. 每次在与幼儿交流过程中,吴老师都会全神贯注地看着幼儿,有时候她也点头、微笑、询问和鼓励。这反映了吴老师与幼儿相处所遵循的原则是( )。
   A. 个体性原则　　B. 适时性原则　　C. 公平原则　　D. 尊重原则

34. 马老师在逛商场时偶遇上班上的一位小朋友和家长,便一同挑选衣服。付款时,这位家长坚持把马老师的500元钱一起付了。对此马老师的正确做法是( )。
   A. 数额不大,不必在意,但下不为例　　B. 表示谢意并坚持把钱还给家长
   C. 勉强接受并回送价值相当的礼物　　D. 表示感谢并注意格外关照她的孩子

35. 幼儿园拟派工作多年、任劳任怨的胡老师去外地参加理论研修班,胡老师对园长说:"年轻人喜欢玩,让她们去吧。而且照顾小孩子,都是些穿衣吃饭的琐事,耐心点行就不需

要太多的理论。"这表明胡老师( )。
A. 关心年轻老师专业成长,甘为人梯　　B. 不服从园里的安排
C. 忽视自身的专业发展,盲目奉献　　D. 积极参加园内管理合理建议

36. 许多老师发现,不少孩子在家过了一个双休日之后再回到幼儿园,一些良好的行为习惯就退步了,比如不认真吃饭,乱扔东西,活动时喜欢说话。对此老师正确的做法是( )。
A. 召开家长会,点名要求做得不好的家长向做得好的家长学习
B. 密切联系家长,并要求家长完全按照老师的要求去做
C. 发挥自己的专业优势,为家长提供指导
D. 不过于干涉家庭教育,做好园内教育工作

37. 午餐时,有些幼儿边吃边玩,为了让幼儿专心就餐,李老师正确的说法是( )。
A. 没吃完的不许睡觉　　B. 比比谁得最快
C. 我看看谁吃得最香　　D. 看看谁还在那磨叽

38. 东东经常欺负别的同学,有一天他又让琪琪哭了。张老师很生气,对东东说:"如果你是我的儿子,我恨不得打死你。"张老师的行为( )。
A. 可以理解,因为有些孩子的行为确实令人生气
B. 可以理解,因为批评也是一种教育
C. 不恰当,应该先了解孩子问题发生的原因
D. 不恰当,因为东东毕竟不是他的儿子

39. 李老师是一名幼儿园的骨干教师,教育局要求她去省城参加培训学习,她应该( )。
A. 拒绝,又辛苦又浪费时间　　B. 拒绝,骨干教师不需要再培训
C. 参加,有利于身心休闲　　D. 参加,有利于提高教学水平

40. "六一"儿童节到了,幼儿园老师给孩子分剩的礼物应该( )。
A. 卖掉,当做班级经费　　B. 上交给幼儿园统一处理
C. 带回家　　D. 分给同事

41. 吃橘子时,岚岚说:"老师,你给我剥皮。"王老师大声说:"咱们来帮小橘子脱衣服吧,看谁做得又快又好!"小朋友们争着说:"好,我来!"大家争相动手起来。岚岚在模仿中学会了剥橘子皮。王老师的行为体现在善于( )。
A. 综合组织各领域教学内容　　B. 创设与教育相适应的物质环境
C. 维护每一个幼儿的人格与权力　　D. 培养幼儿的初步生活自理适应力

42. 活动课上,赵老师特意邀请几个平时不太合群的孩子表演"找朋友",被邀请的孩子面带微笑与其他小朋友愉快地完成表演。赵老师的行为( )。
A. 恰当,教师应当培养幼儿遵守纪律习惯
B. 不恰当,教师应当遵循幼儿身心发展规律
C. 恰当,教师应当关注每个幼儿发展
D. 不恰当,教师应当保护幼儿的自尊心

43. 吃午饭时,孩子们吵吵嚷嚷,不能好好吃饭,李老师说:"咦,教室里怎么飞来这么多小蜜蜂,嗡嗡地好吵呀……快把他们请出去,别打扰我们吃饭。"孩子们听后便安静地吃饭了。李老师的语言具有( )。
A. 教育性　　B. 趣味性　　C. 鼓励性　　D. 示范性

44. 郑老师搜集矿泉水瓶、报纸、纸箱、塑料绳等材料,并改造成适合幼儿的修饰材料和教学材料,郑老师的行为是( )。
A. 环境创设的能力　　B. 随机教育的能力
C. 教学反思的能力　　D. 教学生成的能力

45. 公办幼儿园教师张某多次申报职称未果,认为是幼儿园领导故意为难他。此后,张某经常迟到、早退,教学敷衍了事,园长对其进行批评教育,但张某仍然我行我素,幼儿园上报教育主管部门后将其解聘。该幼儿园做法( )。
A. 正确,张某行为给教学造成损失　　B. 正确,应同时剥夺张某的教师资格
C. 不正确,侵犯张某教育教学权　　D. 不正确,事业单位的人员不能解聘

46. 华华在活动室不小心把膝盖摔破皮,华华妈妈投诉带班的范老师。第二天园长批评范老师,范老师憋了一肚子火,回班里训斥孩子们:"还不给我坐好!莫名其妙!"范老师的行为( )。
A. 合理,表明她不掩饰自己情绪　　B. 合理,表明她善于转移负面情绪
C. 不合理,表明她缺乏心理调适能力　　D. 不合理,表明她缺乏教学组织能力

47. 兵兵动作比较迟缓,小朋友们都不喜欢跟他玩,因此兵兵变得越来越孤僻。对此,兵兵的老师应该( )。
A. 尊重其他幼儿交往选择　　B. 引导其他幼儿多与幼儿园交往
C. 责怪其他幼儿不应该冷落兵兵　　D. 责令家长加强对兵兵动作训练

48. 唐老师准备参加全市幼儿园教师基本技能大赛,因缺乏参赛经验,就去请教常担任各类大赛评委的谢老师,但被谢老师拒绝。谢老师的做法( )。
A. 不利于同事间团结协作　　B. 促进唐老师自我发展
C. 不注重同事的探索创新　　D. 维护比赛公正公平

49. 夏老师教唱儿歌,可可总是唱错歌词,夏老师当全班幼儿的面,严肃地对可可说:"你怎么这么笨,脑子进水了啊!"小朋友们哄堂大笑。夏老师做法( )。
A. 阻碍幼儿探究学习　　B. 破坏幼儿同伴关系
C. 损害可可名誉　　D. 侮辱可可人格

50. 教师专业化发展经历哪几个阶段?( )
A. 非专门化——专门化——专业化　　B. 专门化——非专门化——专业化
C. 专业化——专门化——非专门化　　D. 非专业化——专业化——专门化

51. 假如一个教师非常关心如"学生喜欢我吗"这样的问题,并把大量的时间用于与学生搞好个人关系,那么他处于教师成长的( )。
A. 关注情境阶段　　B. 关注学生阶段　　C. 关注生存阶段　　D. 关注发展阶段

52. 衡量教师是否成熟的重要标志是（　　）。
    A. 能否关注自己的生存适应性　　B. 能否充分考察教学情境
    C. 能否自觉地关注学生　　D. 能否更多地考虑班集体的建设

二、简答题（每小题15分）

1. 教师如何为幼儿的主动学习提供支持？

2. 简述教师观察幼儿行为的意义。

3. 对学前儿童进行观察时，应注意什么？

4. 教师应当如何对待不同气质的幼儿？请举例说明。

三、论述题（每小题20分）

1. 幼儿园教师应该具备哪些专业能力？

2. 结合实例论述我国学前教育工作者应该具备的儿童发展观。

3. 现代社会对幼儿教育提出了什么要求？

四、材料分析题(每小题20分)

1. 阅读材料,回答问题。

    材料:

    小班入园第二周,王老师发现小雅在餐点与运动后,仍会哭着要妈妈。老师抱她,感觉她身体紧绷,问她:"要不要去小便?"她摇头。老师又问:"要不要去大便?"她点头。老师牵她到卫生间,她只拉了一点就离开了。过一会儿,她又哭了。老师给她新玩具和她一起玩游戏,但她的情绪还是不好。离园时,老师与妈妈约谈,了解到小雅在幼儿园拉不出大便。

    第二天早操后,小雅又哭了,老师蹲下轻声问:"小雅是想上厕所了吗?"她点头。老师带她去上厕所,她又只拉一点就站起。"老师陪你多蹲一会儿,把大便拉出来,好吗?"小雅又蹲下,但频频回头。这时,自动冲厕水箱的水"哗"地一声冲水,小雅"哇哇"大哭,扑到老师身上。老师紧紧地抱住她,轻柔地说:"老师抱着你,好吗?"老师将水箱龙头关小,把小雅抱到离冲水远一点的位置蹲下,小雅顺利拉完大便。连续一段时间,老师们轮流陪小雅上厕所,并指导她观察、了解水箱装满水会自动冲水清洁厕所。小雅渐渐适应了幼儿园的厕所,笑容回到了脸上。

    问题:

    请分析上述材料中教师的适宜行为。

2. 阅读材料,回答问题。

    材料:

    一天,刘老师组织区域活动时,小朋友们发现建构区新添了不少积木,十多个小朋友都涌进了建构区,兴高采烈地搭起了积木。

    "喂,你踩到我的积木了。"超超说。"干吗呀? 你别挤我。"静静说。

    这时,有的孩子开始争抢自己喜欢的积木,甚至扭打在一起。见此情景、刘老师立刻予以制止。

    刘老师问:"你们觉得这么多人挤在一起,好玩吗?"

    孩子们七嘴八舌地说:"不好玩!""太挤了,都撞疼我了。"

    刘老师接着说:"那我们得想个办法呀!"

    超超说:"得互相谦让,就让我先玩会儿吧。"

    "我也要先玩。"静静着急地说。

    刘老师说:"互相谦让是别人先让自己,还是自己先让别人呀?"

    孩子们互相看看,不吱声。

    静静说:"好吧,我先去美工区,下午再来玩。"

    刘老师马上说:"看,静静先让别人玩了,下午我们让静静先玩。"

    这时,超超和几个小朋友也陆续去了别的游戏区。现在建构区还剩下9个小朋友,刘老师感觉还是多了,但没再吱声,她想让小朋友自己感受后再解决问题。

    果然,没玩多久就有小朋友提出还是太挤了。

    "那么多少人一起玩合适呢?"刘老师继续引导孩子们,于是大家商定一个一个往外减人,直到感到合适为止。最后,大家一致认为五六个小朋友玩比较合适。

    下班以后,别的老师都回家了,刘老师还在办公室回看在建构区拍摄的活动视频,分析幼儿在活动中的游戏行为与表现,并形成了观察报告。

    问题:

    请结合材料,从教师职业道德的角度,评析刘老师的教育行为。

3. 阅读材料,回答问题。

    材料:

    在开展《我和你》主题活动中,老师试着让每个孩子带一张自己的近照与同伴欣赏、交流,老师适时地捕捉孩子与同伴欣赏、交流时的各种画面并拍录下来,当场播放。

    当孩子们那一张张可爱的小脸出现在屏幕上时,孩子们都兴奋地叫了起来:"这是我!""这是你!"老师根据每个幼儿的不同特征即兴编唱着《我和你》的歌:"这是我的嘴巴小小的,这是我的辫子长长的,这就是我呀! 我是××。这就是你呀! 你是××。"孩子们在整个活动过程中唱呀、跳呀、笑呀,开心极了。

    问题:

    (1)简述材料所体现的教育理念。(5分)

    (2)结合材料说明这种教育理念的意义。(15分)

4. 阅读材料,回答问题。

材料:

明明性子很急,每次拿小人书,都是拿一大叠,翻得很快,即使新书也很快看完。他喜欢活动量大的活动,每次玩创造性游戏总是玩打仗。他是全班扔沙包扔得最远的一个。明明还爱逗乐。有一次全班小朋友正在排队,他突然跑出队伍,用力拉住正在转动的转椅。他上课时坐不住,会随便站起来,或在椅子上乱动,常常发出叫声。即使老师对他有所示意,他仍然克制不住。对老师的提问常常没有听清楚就急着回答,因此常常答非所问。

问题:

根据明明存在的问题,教师应该如何应对?

5. 阅读材料,回答问题。

材料:

有位教师在带领幼儿散步时,听到几个孩子如下的对话。甲:"嘿,告诉你,小慧的爸爸妈妈是瞎子。"乙和丙就大笑:"瞎子,瞎子!"小慧顿时露出痛苦的表情,哭了起来。

问题:

幼儿教师应通过哪些方法来了解幼儿的心理?

6. 阅读材料,回答问题。

材料:

在伦敦举行的父母与子女会议上,英国"0 至 3 岁"公司总裁马修·梅尔梅德说,很多父母热衷于让幼儿玩大量的益智玩具,安排幼儿进行各种"开发智力"的活动,希望借此提高孩子的语言、认知等能力。如果学习压力过重,幼儿的大脑会不堪重负。这样,孩子长大后容易对事物缺乏兴趣和好奇心,竞争力弱,不善于为人处世。

问题:

教育现实中往往存在重智育轻体育、重知识轻道德的现象,其原因是什么?

7. 阅读材料,回答问题。

材料:

东东有一双系鞋带的鞋子,他非常喜欢,但是他自己不会系。午睡起床时,他怎么也系不好鞋带,又着急又难过。华老师安慰他:"别着急,老师教你,你一定能学会。"华老师边讲解,边示范,教了几遍,但是东东还是没学会。华老师知道这是因为东东性子急,观察不仔细。为了让东东掌握好系鞋带的步骤,于是华老师自编儿歌,将系鞋带的动作进行分解。第一步让他把系鞋带的两个头拉得一样齐,边念儿歌边做动作:"两个线儿一样长,两个线头儿交个叉,后面线头儿往下钻。"第二步打活结时继续念:"一个圈,两个圈。换一换,钻一钻,一只蝴蝶飞起来。"这种具体形象的方法,让东东很快地学会了系鞋带。怕东东忘记,华老师还将这些步骤用图画出来。

问题:

请从教育观的角度,评价华老师的教育行为。

8. 阅读材料,回答问题。

材料:

小班的丹丹有个很奇怪的表现,每次午睡都不愿意脱袜子,夏天也是如此。一天午睡,丹丹依旧不肯脱袜子,李老师决心要帮助她改掉这个毛病,对她说:"丹丹,天气热了,脱了袜子睡觉好吗?"边说边帮丹丹脱袜子。令李老师惊讶的是,丹丹右脚有6个趾头。看丹丹蜷曲着双脚,眼含着泪水。李老师心里责备自己的莽撞,迅速地帮丹丹穿好袜子,并安慰她:"对不起,宝贝,不愿意脱就不脱吧,没关系。"

班上的乐乐是个留守儿童,长期和性格孤僻、不善言辞的爷爷一起生活,3岁了还不怎么会说话。在与乐乐相处的过程中,李老师仔细观察,做好记录,发现他要玩玩具就会说"咿呀",上厕所就"哦哦"。李老师不厌其烦地放慢语速,嘴型夸张地教他正确的发音。在游戏活动中,李老师积极引导乐乐和小伙伴进行交流,李老师还给乐乐的父母打电话,希望他们能在繁忙的工作之余,每天抽出固定时间利用电话与乐乐进行交流,尽量多回来看孩子。在家园共同努力下,乐乐的语言能力获得了发展,能主动和小伙伴玩耍,性格开朗多了。

问题:
请从教师职业道德的角度,评价李老师的教育行为。

9. 阅读材料,回答问题。

材料:

周一长假结束后,楠楠一进教室,就马上走到自然角去探望小金鱼和蝌蚪。

"小金鱼没有了!"楠楠大叫起来。

邓老师很吃惊地走过去看,以前游来游去的小金鱼不见了,只剩下两个小鱼头躺在缸底的水草下,几只蝌蚪竟然正在啃鱼头。

蝌蚪吃金鱼的事立刻引起了孩子们的注意。早餐结束后,邓老师决定利用这次机会,组织孩子们讨论小金鱼的死因。

孩子们分小组进行了热烈讨论。他们列出了几种可能的原因:

(1) 天气闷热致死。因为放假期间,天气一直有些闷热。

(2) 水污染致死。因为涵涵曾经将肥皂泡吹到鱼缸里。大家觉得水污染可能会导致金鱼死亡。

(3) 金鱼吃得太饱,胀死了。因为小杰家的金鱼就是这样死的。

(4) 金鱼是饿死的。因为放假期间没人给金鱼喂食,它们就饿死了。

邓老师继续组织幼儿讨论怎样的喂养方式是正确的。大家纷纷发表意见。

随后,邓老师指导孩子们把金鱼的尸体从鱼缸里捞出来。有的孩子还提出要把金鱼埋葬到草丛里,邓老师答应了,给孩子们借来铲子,孩子们很认真地把他们心爱的金鱼埋好。

问题:
请从儿童观的角度,评析邓老师的保育行为。

10. 阅读材料,回答问题。

材料:

徐老师的班上新来了一个男孩,不爱说话,更没有笑声。徐老师问他叫什么名字,他只会摇头。通过和家长交谈,徐老师知道这个名叫晓天的幼儿从小失去母亲,爸爸忙于生计也无暇顾及他,所以晓天性格孤僻,语言表达能力很差,动作发育迟缓。

了解到晓天的情况后,徐老师更加关心晓天,在教室里为他专门准备了开发智力的玩具。还亲手为他编织毛衣,徐老师经常亲切地跟晓天说话,教他练习发音,以提高其语言表达能力;利用图片和图书为他讲故事,以提高其理解能力;跟他一起堆积木、折纸,以提高其动手能力。徐老师还指导晓天的爸爸在家里如何对孩子进行早期智力训练。

时间一天天过去,渐渐地,晓天的眼睛有了神采,能与人进行简单的交谈了,脸上也常挂着微笑。

问题:
请从教师职业道德的角度评价徐老师的保教行为。

11. 阅读材料,回答问题。

材料:

班上的幼儿总记不住饭后漱口。一天早上,刘老师找了两个透明的塑料杯放在桌上,其中一个杯子里面装满了干净的水。早饭后刘老师让小朋友接水漱口,并让他们把漱口水吐在空杯子里,让全班小朋友过来观察。

孩子们议论纷纷:"这两杯水不一样,一个很干净,一个很脏。""那个杯子里面的水有东西了。"刘老师问:"这些脏东西原来藏在哪儿呀?"他们纷纷说:"藏在小朋友的嘴里""藏在舌头底下""粘在牙上的""藏在牙缝里的"。刘老师把装着漱口水的杯子放进盥洗室。

午睡后,孩子们去盥洗室解便洗手。佳佳捂着鼻子说:"房间里是什么味,真难闻。"这时,放杯子的地方围着几个小朋友,正在议论着。孩子们指着杯子问:"这是什么呀?真臭。"原来漱口水已经变臭了。这时刘老师走过来,看见孩子们一脸的惊讶,问道:"大家想一想,这些东西在嘴里会怎么样?"有的孩子说:"也会变得这样臭,生出许多细菌来。"还有的孩子说:"原来我们的牙齿就是这样被弄坏的!那吃完饭得把嘴漱干净。"有一位小朋友说:"我回家告诉爸爸妈妈,让他们吃完饭后也一定漱口。"自从那次观察活动后,孩子们漱口再也不用老师提醒了。

问题:

请从教育观的角度评析刘老师的教育行为。

12. 阅读材料,回答问题。

材料:

性格文静的馨馨午睡时总是睡不着,为解决这个问题,黄老师耐心地告诉她天天午睡的好处。黄老师还联系家长,请家长配合,让馨馨在家里早睡早起,以帮助她养成良好的午睡习惯,可总是收效不大。

经过观察,黄老师还发现,馨馨不好运动,到午睡时仍然精神饱满,不觉疲倦。于是,黄老师调整策略。首先,增加馨馨的活动量,如:户外运动后引导她跑几圈,跑完后发给金牌;让她和运动量较大的小朋友一起游戏、玩耍。其次,舒缓馨馨的情绪,午睡时不催她,还在耳边轻轻说:"没关系,如果睡不着就闭上眼睛躺一会儿吧!"等她睡着后,在她枕头下藏一个小红花,等她醒来给她一个惊喜……慢慢地,馨馨每天都能睡得很香了!

问题:

请从教师职业道德的角度,评析黄老师的教育行为。

13. 阅读材料,回答问题。

材料:

托班幼儿园吃饭时普遍存在以下情况:不肯张嘴或不肯咀嚼吞咽。为解决这个问题,张老师想了很多办法。一天中午吃饭时,张老师端了一碗饭菜,边示范边夸张地说:"我是大老虎,嘴巴张得大,牙齿咬得快,一会饭菜吃光光!"鼓励幼儿和老师一样做大老虎。在进餐巡视时,张老师一会儿对吃得快的宝宝说:"嗯,原来这里有一只大老虎,我喜欢你!"一会又走到另外一个宝宝身边说:"这只老虎吃得真香呀!"有时还在"大老虎"身上贴个贴纸……慢慢地,幼儿爱吃饭了,也会吃饭了,把饭含在嘴里的现象明显减少了。

张老师还发现,每次吃饭璐璐还习惯用手擦嘴巴,所以吃完饭后,她的衣袖总是沾有很多菜汁。一天吃鸡腿,张老师特意在璐璐的桌子上放一条干净的小毛巾,让璐璐记得将沾满油腻的小手在毛巾上擦一擦,所以那天璐璐的衣袖很干净。从那以后,每到吃饭时张老师总会给璐璐准备一条毛巾,璐璐养成了随时用毛巾擦拭嘴和手的习惯,衣袖总是干干净净的。

问题:

请结合材料,从教育观的角度分析张老师的教育行为。

14. 阅读材料,回答问题。

材料:

下面是李老师的教育日志:下午的点心是每人一块蛋糕、一杯牛奶,孩子们像往常一样静静品尝着自己的那一份。发完后,我发现袋子里还有一块蛋糕,就随手给了旁边的莉莉,可没想到我这无心之举却引起了一场"风波",莉莉脸上露出了得意的笑容,举起了那块蛋糕,在小朋友面前炫耀起来:"这是李老师多给我吃的。"其他孩子有的向她投去了羡慕的眼神,有的向我桌上投来搜寻的眼神。孩子们接着纷纷议论起来,有的一本正经地说:"她小,所以李老师才给她吃的呢!"有的愤愤不平地说:"李老师一定是喜欢莉莉。"

这时,我才意识到事情的严重性。我的举动欠考虑,冷落了其他小朋友,我马上进行补救:"今天多的一块蛋糕老师给了莉莉,以后多下来的点心,老师会发给别的小朋友,大家轮流吃,你们说好吗?"孩子们脸上的复杂表情马上都消失了,大声喊道:"好。"

问题:

请结合材料,从教师职业道德的角度评析李老师的教育行为。

15. 阅读材料,回答问题。

材料:

白老师班上的小楷是农民工的孩子,小楷担心自己说话有口音,不愿意开口说话,性格非常腼腆。

白老师对小楷耐心细致地关怀,夸赞他说话的声音好听,逐步引导小楷说话。慢慢地,小楷愿意多说话了。

白老师还找到小楷的家长,建议家长多鼓励小楷说话,让小楷多和同龄人玩耍。小楷越来越愿意和他人交流,性格开朗多了。

问题:

从教育观的角度,评价白老师的行为。

16. 阅读材料,回答问题。

材料:

星星幼儿园开设了托儿班,班上的孩子年龄偏小,多数不到2岁。钟老师承担了托儿班的保教工作。孩子们经常哭闹不止,钟老师哄这个,哄那个,累得直不起腰,但总有几个孩子哭个不停。经过摸索,钟老师发现只有心平气和才能更好地安抚孩子。渐渐地,孩子们欢笑多了。钟老师怕孩子碰伤和摔伤,时刻注意他们的安全。家长们对钟老师非常感谢,教师节送了购物卡和礼品卡给钟老师,钟老师婉拒了。

问题:

从教师职业道德角度,评价钟老师的教育行为。

17. 阅读材料,回答问题。

材料:

分组活动时,姜老师正在辅导一部分小朋友跳绳。瑜瑜跑过来说:"姜老师,元元他们往滑梯上吐唾沫,不让我们滑。"姜老师抬起头来,果然看见几个男孩围着滑梯议论着什么。姜老师急忙走了过去,刚要开口,忽然听到元元嚷道:"快看,唾沫往下滑了。"姜老师把要说的话咽了下去,站到这群孩子背后。"真的在滑,就是太慢了。"恺恺头也不抬地说。迪迪问:"唾沫为什么会滑下去呢?""这个问题提得好,谁知道为什么呀?"姜老师插话。听见姜老师说话,几个男孩转过头,懵懂地看着姜老师。姜老师笑了笑说:"想一想……"见姜老师没批评他们,孩子们活跃起来。迪迪说:"我知道,因为滑梯是斜的,很光滑,唾沫像水一样,所以就滑下来了。"姜老师摸了摸迪迪的头说:"迪迪说得对。但是,你们往滑梯上吐唾沫,对不对呢?""不对。""随地吐痰不对,往滑梯上吐也不对。""不讲卫生。"小朋友们抢着回答。那几个男孩说:"我们以后不随便吐了,咱们把滑梯擦干净吧。"恺恺从口袋里拿出纸将滑梯上的唾沫擦干净,滑梯前又排起了队。

问题:

请结合材料,从教育观角度,评析姜老师的教育行为。

18. 阅读材料,回答问题。

材料:

小二班有个叫涛涛的孩子,因为有全家人的宠爱,自己的东西从来不让别人碰,还很任性。一天,幼儿园开展区域游戏活动,涛涛想去搭积木,可是建构区里已经挤了很多孩子,涛涛不管那么多,拼命往里挤,边挤边推正在堆积木的幼儿,嘴里还嚷嚷:"你们让开,我先玩。"看见没有人让自己,他一屁股坐在地上大哭起来。这个过程被李老师看在眼里,李老师走过去将涛涛扶起来,说:"涛涛,你继续哭的话,那么多好玩的玩具你都玩不到的,不如我们先到别的地方玩,等一会儿再回来搭积木。"涛涛止住了哭声,点了点头,跟李老师走到另一个活动区玩起了拼图,一会儿就拼出小花来,涛涛开心地笑了。李老师趁机说:"我们能不能邀请其他小朋友一起来拼出更有趣的图案呢?"涛涛点点头,高兴地跑去找小朋友了。之后,李老师有意引导涛涛和其他小朋友玩游戏。慢慢地,涛涛不再只顾自己的感受,也能与同伴分享玩具。

问题:

结合材料,从教师职业道德的角度,评析李老师的教育行为。

仿真模拟练习题

仿真模拟练习 1

一、单选（每小题 3 分，共 30 分）

1. 我国第一所乡村幼稚园的创办人是（　　）。
   A. 黄炎培　　B. 蔡元培　　C. 陶行知　　D. 梁漱溟

2. 儿童开始能够按照物体某些比较稳定的主要特征进行概括，说明儿童已出现了（　　）。
   A. 直观的概括
   B. 语词的概括
   C. 表象的概括
   D. 动作的概括

3. 大班幼儿认知发展的主要特点是（　　）。
   A. 直觉行动性
   B. 具体形象性
   C. 抽象逻辑性
   D. 抽象概括性

4. "我跑得快""我是个能干的孩子""我会讲故事""我是个男孩"，这样的语言描述主要反映了幼儿哪方面的发展？（　　）
   A. 自我概念
   B. 形象思维
   C. 性别认同
   D. 道德判断

5. 幼儿鼻中隔为易出血区，该处出血后正确的处理方法是（　　）。
   A. 鼻根部涂紫药水然后安静休息
   B. 让幼儿略低头冷敷前额鼻部
   C. 止血后半小时内不剧烈运动
   D. 让儿童仰卧休息二十分钟

6. 在活动区的空间设计上，我们可以考虑将角色扮演区放在相近的区域是（　　）。
   A. 积木区、美劳区、音乐区
   B. 积木区、科学区、音乐区
   C. 积木区、图书区、音乐区
   D. 积木区、美劳区、电脑区

7. 某中班一次美术活动"画熊猫"，教师制定的目标之一是让幼儿掌握画圆和椭圆的技能。这一目标属于幼儿园的（　　）。
   A. 活动目标　　B. 近期目标　　C. 中期目标　　D. 远期目标

8. 在指导幼儿观察绘画时，下面指导语中容易把幼儿的观察引向观察个别事物的是（　　）。
   A. "图上有些什么呢？"
   B. "图上的小松鼠在做什么呢？"
   C. "这张图告诉我们一件什么事呢？"
   D. "图上讲的是个什么故事？"

9. 家庭教育与幼儿园教育的最大区别之一是，家庭教育具有很强的（　　）。
   A. 目的性　　B. 组织性　　C. 随意性　　D. 计划性

10. 幼儿教师了解幼儿的最主要目的是（　　）。
    A. 为更好地促进幼儿发展提供依据
    B. 为教师专业成长提供依据
    C. 为建立幼儿档案提供依据
    D. 为检查评比提供依据

二、简答题（每小题 15 分，共 30 分）

11. 简述皮亚杰认知发展四阶段理论。

12. 把《3—6 岁儿童学习与发展指南》作为一把"尺子"衡量所有的幼儿是否合适？请说明理由。

三、论述题(1小题,20分)

13. 试述幼儿园班级管理工作的主要内容。

四、材料分析题,并回答问题(每小题20分,共40分)

14. 阅读材料,回答问题。

材料:

午睡起床取鞋时,小强发现小床边的鞋子不知怎地到了床底下。为了拿到鞋,小强趴在地板上,用手伸进床底下去拿,但够不着,将身体挪近床沿后再试,还是够不着。在一边仔细观察的王老师提示他,能不能找样东西来帮忙。小强便找来一根绳子,一试,发现绳子是软的,无法够到鞋子。他不甘心,索性坐下来,一只手臂勾住床侧的挡板,一条腿伸到床底下勾鞋,还是不行。于是,他的脚如钟摆在床底下晃动,虽然碰到了鞋子,却依然弄不出来。于是,小强干脆拿起老师打扫卫生的笤帚,慢慢地移动鞋子,他终于拿到了鞋子。站在一旁多时的王老师伸出大拇指,微笑着对小强说:"你真棒!"

问题:

请结合幼儿园一日生活常规原理,分析小强的表现和王老师的行为。

15. 阅读材料,回答问题。

材料:

教师为小班幼儿制作了一列"小火车"(见下图),在每节车厢上分别贴了不同品种与数量的"水果"标签,要求幼儿能按标签投放"水果"。

雪儿看看标签,然后往不同的车厢装进与标签品种一样的"水果",每节车厢都装满了"水果"。

莉莉看着标签,并用手点数标签上的"水果",嘴里还念着数字,然后拿出相应品种和数量的"水果"放进车厢。

民民看看标签,就取出相应品种和数量的"水果"放进车厢,然后看着车厢里的"水果",自言自语道:"嗯,都放对了。"

问题:

(1) 根据上述三位幼儿各自的表现分析其数学能力发展的水平。(10分)

(2) 该材料对教育的启示是什么?(10分)

五、活动设计题(本大题1小题,30分)

16. 为幼儿园中班设计一个"使声音变大"的科学教育活动方案。

仿真模拟练习 2

一、单选(每小题 3 分,共 30 分)

1. 教育有广义、狭义和特指的教育三个层面的意思,其中狭义的教育是指( )。
   A. 社会教育　　B. 家庭教育　　C. 学校教育　　D. 网络教育

2. 在良好的教育环境下,5—6 岁的幼儿能集中注意( )。
   A. 5 分钟　　B. 10 分钟　　C. 15 分钟　　D. 7 分钟

3. 婴儿寻求并企图保持与另一个人亲密的身体和情感联系的倾向被称为( )。
   A. 依恋　　B. 合作　　C. 移情　　D. 社会化

4. 幼儿园对幼儿实施的教育包括( )。
   A. 德、智、体、美、劳诸方面
   B. 智、德、体、心诸方面
   C. 体、智、德、美诸方面
   D. 美、心、体、智诸方面

5. 如果幼儿园里一个小朋友突然生病了,需要送往医院。这时应该拨打的电话是( )。
   A. 110　　B. 119　　C. 120　　D. 122

6. 幼儿园的环境创设主要是指( )。
   A. 购买大型玩具
   B. 合格的物质条件和良好的精神环境
   C. 安装塑胶地板
   D. 选择较清静的场所

7. 幼儿体育活动过程中最主要的环节是( )。
   A. 激发幼儿兴趣阶段
   B. 身体准备阶段
   C. 掌握动作技能阶段
   D. 活动结束阶段

8. 大班幼儿在学习活动中,老师根据当时正值春游时节的情况提问:春游到底去恐龙园还是海底世界?幼儿协商解决的方法是统计"去"与"不去"的人数,按少数服从多数的原则决定。这种教学方法属于( )。
   A. 观察法
   B. 实践活动法
   C. 发现法
   D. 谈话、讨论法

9. 新入园时,如果班里有个幼儿哭了,其他幼儿也会跟着哭。这是( )。
   A. 情绪的动机作用
   B. 情绪的信号作用
   C. 情绪的组织作用
   D. 情绪的感染作用

10. 苏霍姆林斯基说:"只有集体和教师首先看到学生的优点,学生才能产生上进心。"这句话提示教师应( )。
    A. 尊重和欣赏学生
    B. 团结和关心学生
    C. 对学生严慈相济
    D. 对学生因材施教

二、简答题(每小题 15 分,共 30 分)

11. 茵茵已经上了中班,她知道把 2 个苹果和 3 个苹果加起来,就有 5 个苹果。但是问她 2 加 3 等于几?她直摇头。
    请结合案例简述中班幼儿数学学习的思维特点以及教育的启示。

12. 体育活动中与活动后,教师分别可以从哪些方面判断幼儿的活动量是否适切?

三、论述题(1小题,20分)

13. 结合实例论述家园合作对幼儿发展的重要意义以及目前存在的误区。

四、材料分析题,并回答问题(每小题20分,共40分)

14. 阅读材料,回答问题。

材料:

幼儿园只有一架秋千,幼儿都很喜欢玩。大二班在户外活动时,胆小的诺诺走到正在荡秋千的小莉面前,请小莉把秋千让给他玩。小莉没理会他。诺诺就跑过去向老师求助:"老师,小莉不让我荡秋千……"

对此,不同的教师可能会采取下面不同的回应方式:

教师A:老师牵着诺诺的手走到小莉面前,说:"你们的事情我知道了,我现在想看小莉是不是个懂得谦让的孩子。小莉你已经玩了一会儿了,现在能不能让诺诺玩一会儿呢?"小莉听了后,把秋千让给了诺诺。

教师B:"你对小莉怎么说的呢?"诺诺:"我说我想玩一会儿。"想到诺诺平时说话总是低声细气的,教师就说:"是不是你说话声音太小了,她没有听清楚呢?现在去试试大声地对她说'我真的想荡秋千,我已经等了很久了!'如果这样说还没给你,你就回来,我们再想别的方法……"

问题:

请分析上述两位老师回应方式的利弊,并说明理由。

15. 阅读材料,回答问题。

材料:毛毛是个活泼的孩子。这学期体检时,毛毛被检查出弱视,需要戴眼镜治疗。李老师发现毛毛戴眼镜后变得沉默了,还时不时把眼镜摘下来。李老师关心地问毛毛,毛毛说怕被小朋友笑话,所以不想戴。于是李老师组织了一次"眼睛生病怎么办"的集体活动。活动后,幼儿都知道了眼睛生病要治疗,毛毛戴眼镜也是为了治疗,毛毛又戴上了眼镜,又和往常一样活泼好动了。

问题:
(1)李老师组织这次活动要解决的问题是什么?(10分)
(2)李老师的做法哪些方面值得学习?(10分)

五、活动设计题(本大题1小题,30分)

16. 以"有趣的萝卜"为主题,设计一个幼儿园中班的活动方案。要求写明活动目标、活动准备、活动过程等。

仿真模拟练习3

一、单选(每小题3分,共30分)

1. 被世界誉为"幼儿教育之父"的是( )。
   A. 福禄贝尔 B. 卢梭 C. 蒙台梭利 D. 洛克

2. 在同一桌上绘画的幼儿,其想象的主题往往雷同,这说明幼儿想象的特点之一是( )。
   A. 想象无预定目的,由外界刺激直接引起
   B. 想象的主题不稳定,想象方向随外界刺激的变化而变化
   C. 想象的内容零散,无系统性,形象间不能产生联系
   D. 以想象过程为满足,没有目的性

3. 按顺序展示"护士、兔子、月亮、救护车、胡萝卜、太阳"图片让儿童记忆,儿童回忆说:"刚才看到了救护车和护士,兔子与胡萝卜,太阳与月亮。"这些儿童运用的记忆策略为( )。
   A. 复述策略 B. 精细加工策略 C. 组织策略 D. 习惯化策略

4. 幼儿对自己消极情绪的掩饰,说明其情绪的发展已经开始( )。
   A. 深刻化 B. 丰富化 C. 内隐化 D. 精细化

5. 小华平时食欲好,但最近几天却不想吃饭,尤其怕油腻并伴有恶心呕吐,小华可能患了( )。
   A. 维生素A中毒症 B. 维生素D中毒症
   C. 病毒性肝炎 D. 佝偻病

6. 环境是幼儿园课程的重要组成部分,是隐性的教育资源,是儿童的( )。
   A. "第一位老师" B. "第二位老师" C. "第三位老师" D. "第四位老师"

7. "游戏不是做,而是人的情感和思想的一种健康发泄方式",持这种观点的学派属于( )。
   A. 精神分析学派 B. 模仿学习学派 C. 认知发展学派 D. 联结学习学派

8. 关于幼儿言语的发展顺序,正确的表述是( )。
   A. 言语理解先于言语表达
   B. 言语表达先于言语理解
   C. 言语理解与言语表达平行发展
   D. 言语理解与言语表达独立发展

9. 依据联合国《儿童权利公约》,对儿童的养育和发展负有首要责任的是( )。
   A. 学校和教师 B. 父母或其他监护人
   C. 社会或企业 D. 国家和当地人民政府

10. 老师组织集体游戏时,发现嘉嘉独自一人专注地看着落在地上的小水珠,老师走过去对嘉嘉说:"还是先跟大家一起玩吧,游戏后再观察,然后把看到的告诉老师和小朋友,好吗?"该教师的做法( )。
    A. 保护了幼儿自主探索的兴趣 B. 保护了幼儿自主游戏的活动目标
    C. 忽视了幼儿仔细观察的需求 D. 培养了幼儿的动手能力

二、简答题(每小题15分,共30分)

11. 简述如何建立积极的师幼关系。

12. 试述幼儿园教育应"渗透于幼儿园一日生活的各项活动之中"的理由。

三、论述题(1小题,20分)

13. 由于升学竞争和就业竞争的现实性矛盾,学校教育陷入应试教育的模式中,而这种竞争也影响到学前教育阶段,如社会上风行的"零岁方案""神童方案"。一些幼儿园迫于家长压力或经济利益的驱动,办起了各式各样的兴趣班、特长班。

请从幼儿园教育目标维度评析以上现象。

四、材料分析题,并回答问题(每小题20分,共40分)

14. 阅读材料,回答问题。

材料:

大班与小班幼儿跨班互动近一个学期。幼儿彼此已经比较熟悉。春天的一个周末,教师邀请家长一同参加以大带小的远足活动——"大手拉小手"。

活动过程如下:

出发前,教师告诉大家今天要去社区附近的人民公园,请两个班的幼儿自愿结对,每个大班幼儿拉起一个小班幼儿的手,看哪对好朋友的小手拉得紧。到公园休息一会儿后,教师组织大家玩游戏"钻山洞"。

首先,教师与家长搭山洞,请大班幼儿带领小班幼儿钻山洞;然后,组织大班幼儿搭山洞,请小班幼儿钻山洞。教师不断提醒幼儿钻的动作要领。自由活动时,好朋友拉好小手与他们的家长一道欣赏春天的美景。在家长协助下,幼儿用自己喜欢的方式记录远足活动的见闻。

问题:

(1)上述活动中运用的家园合作方法属于哪一类?(10分)

(2)活动主要渗透的教育领域是什么?(10分)

15. 阅读材料,回答问题。

材料:
幼儿东东因打了人没有拿到小红花,而其他小朋友都拿到了。当天妈妈来接他时,他不肯回家,非要拿到小红花才肯离园。经过老师和妈妈说服,他明白了道理。从第二天起,他自觉控制自己的行为,每天都问老师:"我今天表现好吗?"一天,老师说他有进步,给了他一朵小红花,东东高兴极了。

问题:
请用所学的相关知识分析东东的行为。

五、活动设计题(本大题1小题,30分)

16. 在与本班家长沟通汇总后,大三班教师发现,不少家长平时很少和孩子一起运动,因为不知道可以和孩子玩什么,为此,教师准备举行一场亲子运动会,让家长体验到生活中随手可得的一些废旧材料,可以用来开展有趣的运动游戏,从而促进幼儿发展。

根据上述情况,设计一份亲子运动会方案。要求写出亲子运动会的设计意图,两个运动项目(须写出运动项目的名称、材料和玩法),家长工作要点以及实施注意事项。

仿真模拟练习 4

一、单选(每小题3分,共30分)

1. "养儿防老""光宗耀祖""传宗接代"等所体现的观念属于(   )。
   A. 工具主义儿童观   B. 科学主义儿童观
   C. 自然主义儿童观   D. 人文主义儿童观

2. 一名幼儿画小朋友放风筝,将小朋友的手画得很长,几乎比身体长了3倍,这说明了幼儿绘画特点具有(   )。
   A. 形象性   B. 抽象性   C. 象征性   D. 夸张性

3. 下雨天走在被车轮辗过的泥泞路上,晓雪说:"爸爸,地上一道一道的是什么呀?"爸爸说:"是车轮压过的泥地儿,叫车道沟。"晓雪说:"爸爸脑门儿上也有车道沟(指皱纹)"。晓雪的说法体现的幼儿思维特点是(   )。
   A. 转导推理   B. 演绎推理   C. 类比推理   D. 归纳推理

4. 在目前条件下,我国幼儿园比较合适的师生比是(   )。
   A. 1∶15—20   B. 1∶20—25   C. 1∶25—30   D. 1∶30—35

5. 自闭症在临床上主要表现为三大核心症状,即(   )。
   ① 社会交往障碍   ② 交流障碍   ③ 兴趣狭窄及刻板重复   ④ 行为障碍
   A. ①②③   B. ①②④   C. ①③④   D. ②③④

6. 规则性游戏是教师在一定的教育目标的指导下,编制的具有明确规则的游戏。主要包括(   )。
   ① 体育游戏   ② 智力游戏   ③ 音乐游戏   ④ 角色游戏
   A. ①③④   B. ①②③   C. ②③④   D. ①②④

7. 王老师在教室里贴了一个"坏孩子"榜,那些爱讲话爱打闹的小朋友都榜上有名。王老师的做法(   )。
   A. 合理,有助于维护教师权威
   B. 合理,体现了对幼儿的严格要求
   C. 不合理,没有认真备课上课
   D. 不合理,没有尊重幼儿人格尊严

8. 在幼儿园阶段,不适合幼儿学习的内容是(   )。
   A. 听故事   B. 洗手如厕
   C. 和同伴一起游戏   D. 学习10以上的加减法

9. 为了培养幼儿想象力,老师让幼儿画蝴蝶,下列做法恰当的是(   )。
   A. 老师划好左半边蝴蝶,幼儿模仿完成右半边
   B. 老师在黑板上逐笔示范,让幼儿跟着画
   C. 幼儿先观察蝴蝶,然后让幼儿自己画
   D. 老师先画蝴蝶,然后让幼儿照着画

10. 梅梅和芳芳在娃娃家玩,俊俊走过来说:"我想吃点东西。"芳芳说:"我们正忙呢!"俊俊说:"我来当爸爸炒点菜吧!"芳芳看了看梅梅,说:"好吧,你来吧!"从俊俊的社会性发展来看,下列哪一项最贴近他的最近发展区?(   )。
    A. 能够找到一个自己喜欢的玩伴
    B. 开始使用一定的策略成功加入游戏小组
    C. 在4—5名幼儿的角色游戏中进行合作性互动
    D. 能够在角色游戏中讨论装扮的角色行为

二、简答题(每小题15分,共30分)

11. 简述幼儿口语表达能力的发展趋势。

12. 简述幼儿园心理环境创设的要求。

三、论述题(1小题,20分)

13. 试述科学安排幼儿园一日生活的原则。

四、材料分析题,并回答问题(每小题20分,共40分)

14. 阅读材料,回答问题。

材料:

幼儿园正在开展各种各样的角色游戏活动。在玩"医院"游戏时,几个小朋友在为扮演的角色发生了争执,妞妞说:"我想当医生,给病人看病。"小明说:"我要当护士,给病人打针。"恒恒也吵着说:"不,我也要当医生。"蓉蓉和恒恒还争着抢起位置来,老师觉得恒恒平时有些调皮,自控能力差,于是让他担任"挂号"的工作。恒恒显得很不情愿,但他还是当起了"挂号员"。由于很少有"病人"来挂号看病,恒恒显得无所事事。游戏结束后,老师特意表扬恒恒能够"坚守岗位"。

问题:

结合幼儿游戏的相关知识,分析上述现象。

15. 阅读材料,回答问题。

材料:

早晨,张菁依的奶奶带着孩子来园,奶奶随即向我询问:"老师,昨天回家孩子说陈郁婷打她了。是哪个小朋友啊?"我俯下身子轻轻地摸摸孩子的头,问孩子:"这是怎么回事啊?"她很腼腆,没有言语,只是用很锐利的眼神盯着那个孩子。家长期待着我给她一个交代,我只能请陈郁婷来说说发生了什么事情。可是陈郁婷也闷不作声,我也不想勉强孩子,因为毕竟我不了解事情的前因后果,也没有亲眼看到事情发生的过程,我觉得自己没有发言的权利,只好冲着孩子的奶奶笑笑。奶奶似乎觉得我在放纵孩子,不再理会我,直接上前不留情面地教育陈郁婷。我看到孩子的表情很尴尬、很无辜。但是看张菁依时,眼里也露出了一丝忧意。

问题:

请根据所学过的心理学知识评价老师、奶奶、孩子的行为。

五、活动设计题(本大题1小题,30分)

16. 小班赵老师发现幼儿进餐时存在各种问题:有的幼儿情绪不稳定,吃饭时哭着找妈妈;有的幼儿不会拿勺子吃,一定要老师喂;有的幼儿挑食,不吃这个,不吃那个;还有的幼儿吃一会儿,玩一会儿,饭凉了都还没吃完……

请设计一份解决上述问题的教育方案。(要求写出:对问题的分析、教育目标和解决问题的主要方法)

仿真模拟练习 5

一、单选(每小题 3 分,共 30 分)

1. 我国第一所公立幼稚师范学校是( )。
   A. 江西实验幼师　　B. 南京鼓楼幼稚园
   C. 武昌蒙养院　　　D. 宁波星萌幼稚园

2. 新入园的幼儿,看着妈妈离去时伤心地哭,会引起其他孩子也跟着哭起来。这说明幼儿的情绪具有( )。
   A. 易感染性　　B. 掩蔽性　　C. 内隐性　　D. 稳定性

3. 王小明运用抓、推、敲、打等多种动作来认识事物,表现出对新的环境的适应。根据皮亚杰的理论,王小明处于( )。
   A. 感知运动阶段　B. 前运算阶段　C. 具体运算阶段　D. 形式运算阶段

4. 某幼儿园教师对中班某幼儿下学期表现给出这样的评语:"程××,你爱帮助别的小朋友,能安静睡觉,本学期×××有了很大的进步,上课会认真听讲,有时还能响亮地回答问题。希望××小朋友再接再厉,更上一层楼。"这种评价属于( )。
   A. 形成性评价　B. 发展性评价　C. 总结性评价　D. 诊断性评价

5. 如果小朋友被蜜蜂蜇伤,下列处理方法正确的一项是( )。
   A. 将蜂刺拔出并用肥皂水充分清洗受伤处
   B. 将蜂刺拔出并用碘酒充分清洗受伤处
   C. 将蜂刺拔出并用酒精充分清洗受伤处
   D. 将蜂刺拔出并用红药水充分清洗受伤处

6. 儿童拿一根竹竿当马骑,竹竿在游戏中属于( )。
   A. 表演性符号　B. 工具性符号　C. 象征性符号　D. 规则性符号

7. 在一次续编故事活动中,小朋友们积极举手发言,一向胆小的圆圆也举起了小手,戴老师有意请圆圆回答,可圆圆的声音非常小,小朋友们嚷嚷:"他的声音太小了,我们什么也听不见!""老师让我替他说吧!"对此,戴老师恰当的回应是( )。
   A. 来欣欣你来讲一下吧,圆圆先坐下休息一会儿。
   B. 圆圆真勇敢!请你大声地再讲一遍,好吗?
   C. 你们管好自己的小嘴吧,我们要尊重圆圆。
   D. 圆圆,你应该大声讲故事。

8. 下列关于教师家访的做法不恰当的是( )。
   A. 忌"指导",对家教问题不要给家长建议
   B. 忌"独自",与家长交流不要唱独角戏
   C. 忌"教训",不要居高临下苛责教训家长
   D. 忌"揭短",不要当着幼儿的面向家长告状

9. 某地政府为提升教育质量,促进教学高质量发展,拟定将一所公立中学改为与企业合建,该做法( )。
   A. 错误。政府不得以任何名义改变或者变相改变公办学校的性质
   B. 错误。政府不能通过与企业合作的方式提升学校教育教学质量
   C. 正确。政府可以结合实际采取多种形式提升学校教育教学质量
   D. 正确。政府应因地制宜为义务教育阶段学校的发展提供帮助

10. 在组织幼儿认识形状时,李老师说:"请小朋友找找教室里有圆形和正方形的物品。"李老师的做法体现了幼儿教育特点的( )。
    A. 基础性　　B. 整体性　　C. 浅显性　　D. 生活性

二、简答题(每小题 15 分,共 30 分)

11. 简述学前儿童词汇发展的特点。

12. 简述教师在对幼儿的学习与发展进行评价时的注意事项。

三、论述题(1小题,20分)

13. 在幼儿园领域教育活动中,为什么要关注幼儿学习发展的整体性?结合实例说明。

四、材料分析题,并回答问题(每小题20分,共40分)

14. 阅读材料,回答问题。

材料: 晨间活动时,琳琳跑到我身边把一本绘本递给我,难过地说:"黄老师,你看,谁把我这本书的的封面撕掉了!"我接过绘本,对着平时比较淘气的涛涛说:"这肯定是你撕掉的!"涛涛抬起头看着我,摇了摇头。于是我生气地说:"你们把东西放下,都不要玩了,坐好。"孩子们都坐到了自己的椅子上,接着我又说:"到底是谁把书皮弄坏了,承认了老师原谅你,如果不承认被老师发现了就惨了!"教室里顿时鸦雀无声,没有人敢承认,看到孩子们露出了紧张不安的神情,我意识到自己的言行有些不妥。这时我突然想到了"悄悄话"的办法。我问孩子们:"大家想不想把自己想说的悄悄话告诉老师啊?"孩子们都点点头,然后就一个接一个凑到我耳边说,小军凑到我耳边小声道:"书皮是我弄坏的,刚才我看到这本书丢到地上,想捡起来,可一使劲书皮就掉下来了。"我也悄悄地对他说:"谢谢你告诉老师,你主动把书捡起来,老师要表扬你。但把书皮弄坏了,一会儿你能向琳琳道歉吗?"

小军笑着点点头,便过去向琳琳道歉。我对全班幼儿说:"刚才老师错怪了涛涛。涛涛,对不起!"

问题: 请结合材料,从教师职业道德角度,评价黄老师的教育行为。

15. 阅读材料,回答问题。

材料:

幼儿形象记忆与语词记忆效果的比较表(对 10 个物或词能回忆出的数量)

年龄(岁)	熟悉的物体	熟悉的词	生疏的词
3—4	3.9	1.8	0
4—5	4.4	3.6	0.3
5—6	5.1	4.6	0.4

问题:

分析上表所反映的幼儿记忆的特点。

五、活动设计题(本大题 1 小题,30 分)

16. 请围绕"有用的工具"为大班幼儿设计主题活动,应包含三个子活动。

要求:

(1) 写出主题活动的总目标。(4 分)

(2) 写出一个子活动的具体活动方案,包含活动的名称、目标、准备和主要环节。(16 分)

(3) 写出另外两个子活动的名称、目标。(10 分)

仿真模拟练习6

一、单选(每小题3分,共30分)

1. 福禄贝尔为儿童设计的一系列活动玩具材料被称为( )。
   A. 思物　　　　　B. 恩物　　　　　C. 念物　　　　　D. 宠物

2. 儿童最先掌握的词性为( )。
   A. 名词　　　　　B. 动词　　　　　C. 形容词　　　　D. 代词

3. 幼儿在认识"b"和"d"、"土"和"士"、"方"和"万"等形近符号时容易混淆。这说明( )。
   A. 幼儿的方位知觉不够精确　　　　B. 幼儿的观察概括性不足
   C. 幼儿的观察细致性不强　　　　　D. 幼儿感觉的适应力不强

4. 《幼儿园教育指导纲要(试行)》规定的幼儿学习活动的范畴是( )。
   A. 健康、社会、科学、语言、艺术　　B. 音乐、体育、美术、语言、计算
   C. 健康、社会、常识、语言、艺术　　D. 音乐、体育、美术、语言、常识

5. 婴儿出生6—10周后,人脸可引发其微笑。这种微笑被称为( )。
   A. 生理性微笑　　　　　　　　　　B. 自然微笑
   C. 社会性微笑　　　　　　　　　　D. 本能微笑

6. 由于幼儿是以自我为中心辨别左右方向的,幼儿教师在动作示范时应该( )。
   A. 背对幼儿,采用镜面示范　　　　B. 面对幼儿,采用镜面示范
   C. 面对幼儿,采用正常示范　　　　D. 背对幼儿,采用正常示范

7. 某幼儿园把小学一年级的语文、数学知识作为其主要教学内容,这种做法有违( )。
   A. 儿童身心发展的互补性　　　　　B. 儿童身心发展的稳定性
   C. 儿童身心发展的顺序性　　　　　D. 儿童身心发展的个别差异性

8. 教师在区角中投放了多种发声玩具,小班幼儿在摆弄这些玩具时( )。
   A. 能概括不同声音产生的条件
   B. 对声音产生兴趣,感受不同的声音
   C. 能描述出玩具是怎么发声的
   D. 能描述不同玩具发生特点

9. 汪老师平时对幼儿大声喧哗、随地乱扔果皮的行为视若无睹、不予理睬,有人参观或检查时才提出要求,该教师的做法( )。
   A. 体现了宽容待生的教育要求　　　B. 体现了严慈相济的教育原则
   C. 忽视了幼儿良好习惯的养成　　　D. 影响了幼儿学习成绩的提高

10. "智如泉源,行可以为表仪者、人师也。"《韩诗外传》的这句话告诉我们,教师( )。
    A. 不仅要提高道德认识,还要加强道德实践
    B. 不仅要有从教的学识能力,还要做到以身作则
    C. 不仅要有丰富的学识,还要注意能力的提升
    D. 不仅要有专业知识,还要有人文情怀

二、简答题(每小题15分,共30分)

11. 婴幼儿调节负面情绪的主要策略有哪些?

12. 简述教师在游戏过程中的作用。

三、论述题(1小题,20分)

13. 论述教育家陈鹤琴的幼儿教育思想。

四、材料分析题,并回答问题(每小题20分,共40分)

14. 阅读材料,回答问题。

    材料:

    龙龙是个幼儿园中班的孩子,一天他得意地对爸爸说:"爸爸,我知道2加3等于5。"爸爸很高兴,问:"你怎么知道的?"龙龙说:"老师告诉我们的。"爸爸再问:"3加2等于多少?"

    龙龙摇摇头说:"老师没有说。"

    问题:

    (1)请根据儿童思维发展的特点来分析龙龙的表现。(10分)

    (2)作为教师应该采取哪些针对性的策略?(10分)

15. 阅读材料,回答问题。

材料:

主题活动中,中班幼儿对画汽车产生了兴趣。为了提升幼儿的绘画能力,郭老师提供了"面包车"的绘画步骤图,鼓励每个幼儿根据步骤图画出汽车。

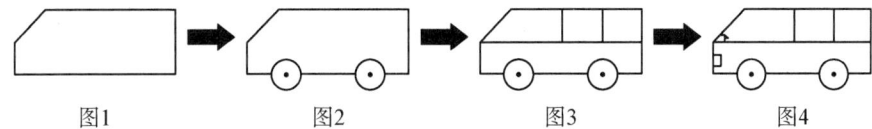

图1　　图2　　图3　　图4

问题:

(1) 郭老师是否应该投放"绘画步骤图"? 为什么?(10分)

(2) 如果你是郭老师,你会怎么做?(10分)

五、活动设计题(本大题1小题,30分)

16. 围绕"商店"这个主题,设计一个幼儿园中班游戏活动方案,要求写明活动目标、活动准备、活动过程等。

参考答案

第一章 教育、学前教育及发展

一、选择题（每小题 3 分）

1—5：CBDAA　6—10：AAACA　11—15：DBADA　16—20：ADAAB
21—25：ACBBD　26—30：BDBBB　31—35：DCDAA　36：B

二、简答题（每小题 15 分）

1.【参考答案】

(1) 教育即生长。杜威认为教育的目的就是促进本能的生长，教育要重视儿童自身的能力和主动精神的培养。(5 分)

(2) 教育即生活。杜威主张教育即是生活本身，而不是为未来的生活做准备，必须把教育与儿童的眼前生活融为一体，教儿童学会适应眼前的生活环境，这才是教育的本质所在。因此，他提出学校即社会的原则，把学校创造为一个小型的社会。他还主张教育为当下的生活服务，即儿童本能生长总是在生活过程中展开的，最好的教育就是"从生活中学习"。(5 分)

(3) 教育即经验的不断改造。杜威认为经验是人的有机体与环境相互作用的结果，教育作为从已知经验到未知经验的连续过程，这种过程不是教给儿童既有的科学知识，而是让他们在活动中不断增加经验。经验的获得离不开儿童的亲身活动，杜威由此提出"从做中学"的主张，即在教育过程中，主要不是教给儿童既有的科学知识，而是让儿童在活动中自己去获得经验。(5 分)

2.【参考答案】

(1) 主要观点：加德纳的多元智能理论认为，儿童在智能结构方面是存在差异的；每个人的智能是以不同的形式构成的；每个人都有优势智能和弱势智能，从而决定了人的不同。(5 分)

(2) 智能种类：①言语—语言智能；②音乐—节奏智能；③逻辑—数理智能；④视觉—空间智能；⑤身体—动觉智能；⑥自知—自省智能；⑦交往—交流智能；⑧自然观察智能。(5 分)

(3) 教育启示：①教育就是要充分发挥每个人的优势智能，使优势智能成为个体的特长，同时发展其弱势智能来促进幼儿的全面发展；②教师必须发现并尊重儿童的智能的差异，确保保育教育的高效率和高质量。(5 分)

3.【参考答案】

班杜拉的社会学习理论是阐明人怎样在社会环境中学习，从而形成和发展他的个性的理论。该理论主要观点如下：

(1) 交互决定观。环境决定论认为行为是由作用于有机体的环境刺激决定的；班杜拉则认为个体、环境和行为是相互影响、彼此联系的。三者影响力的大小取决于当时的环境和行为性质。(3 分)

(2) 参与性学习与替代性学习。参与性学习是通过实做和体验行动后果而进行的学习，即"做中学"；替代性学习是通过观察别人而学习。(3 分)

(3) 观察学习。观察学习是指人通过观察他人（榜样）的行为及其结果而习得新行为的过程。班杜拉将观察学习分为直接的观察学习、抽象性观察学习和创造性观察学习，并将观察学习的过程分为四个具体过程：①注意过程；②保持过程；③复制过程；④动机过程。(3 分)

(4) 自我强化。班杜拉认为自我调节是个人的内在强化过程，是个体通过将自己对行为的计划和预期与行为的现实成果加以对比和评价，来调节自己行为的过程。强化包括替代性强化、直接强化和自我强化。(3 分)

(5) 榜样示范作用。社会学习理论十分强调示范的作用，认为学习过程就是学习者观察榜样的不同示范而进行的。榜样示范包括言语示范、行为示范、象征示范、抽象示范和参照示范。(3 分)

4.【参考答案】

(1) 导向作用：为教育者、受教育者和学校教育活动指明方向。(5 分)

(2) 激励作用：激励教育者和受教育者为实现共同的目标而努力。(5 分)

(3) 评价作用：是衡量和评价教育效果的依据和标准。(5 分)

5.【参考答案】

(1) 教育完成劳动力的再生产。(5 分)

(2) 教育完成知识的再生产。(5 分)

(3) 教育在一定程度上生产新的科学知识。(5 分)

三、论述题（每小题 20 分）

1.【参考答案】

(1) 学前教育的基本原则之一是面向全体，尊重差异。为此，教育者必须保证每个儿童都有受教育的机会，平等地、一视同仁地对待每个儿童，使每个儿童都达到教育目标的要求。材料中有些幼儿得不到教师的关注，违背了学前教育原则中的面向全体，尊重差异的原则。(10 分)

(2) 教育公平是指每一个人、每一地区都应该得到相对平等的教育机会和资源。其中的重要表现就是教师要给予幼儿同等的关注，而材料中的教师却总是提问某几个幼儿，忽视了其他幼儿受教育的权利，违背了教育公平。(10 分)

2.【参考答案】

(1) 面向全体，尊重差异原则。陈老师偏爱王小明而冷落张小春，违背了面向全体，尊重差异的教育原则。保育教育活动要面向全体儿童，不能让一个儿童落伍。在保教活动过程中要充分尊重每个儿童的差异和需要，有针对性地进行个别教育，实施因材施教。而陈老师不给张小春任何发言的机会，大大打击了张小春的学习积极性。(8 分)

(2) 发展适宜性原则。这条原则要求为每名儿童提供适合其年龄特点和个别差异的课程及教育教学实践。它包括两层含义：一是年龄适宜性；二是个体适宜性。既然张小春活泼好动，那么陈老师就应该给他多一些动手和发言的机会，而不是"非常恼火"。(6 分)

(3) 公平原则。教育必须面向每个儿童，使每个儿童都能达到教育目标的要求。教师要保证每个儿童在幼儿园里有同等的受教育机会，必须平等地、一视同仁地对待所有的儿童。不能因为王小明和张小春的出身不同、性格不同就采取不公平的行为。(6 分)

3.【参考答案】

(1) 生活是教育的中心。陶行知先生认为，生活即教育，游戏即学习。提出以幼儿园周围的社会生活、自然现象、家乡生产、风土人情为内容编成教材，以幼儿力所能及的地方为教室，以儿童所能接触到的事物为主要内容，参加种植、饲养等劳动，让儿童从中学习，自己解决问题，自己组织游戏，培养出具有

"生龙活虎的体魄、活泼泼的心灵"的儿童来。(6分)

(2) 教、学、做合一的教育方法。陶行知先生坚决反对教、学、做分家,他"看见国内学校里先生只管教,学生只管学的情形,就认定有改革之必要"。他说:"教、学、做是一件事,不是三件事。我们要在做上教,在做上学。""比如种田这件事是要在田里做的,便须在田里学。做是学的中心,也就是教的中心。""不在做上用工夫,教固不成教,学也不成学。"(6分)

(3) 解放儿童的创造力。陶行知先生认为教育要启发、解放儿童的创造力,为他们提供手脑并用的条件和机会。具体包括五个方面:①解放儿童的头脑,把他们的头脑从迷信、成见、曲解和幻想中解放出来;②解放儿童的双手,给儿童动手的机会;③解放儿童的嘴,给儿童说话的自由,尤其是要允许他们发问;④解放儿童的空间,让他们接触大自然、大社会;⑤解放儿童的时间,给他们自己学习、活动的时间,给他们一些空闲时间消化所学知识,学一点他们自己渴望要学的学问,做一点他们自己高兴要做的事。(8分)

4.【参考答案】
陈鹤琴提出的整个教学法是指在一定的时间内,幼儿园的各科课程和各项教育活动都围绕一个既定的中心课题来展开。他认为,儿童生活是整个的,连成一片的,如果按学科形式来组织课程,是不合教学原理的。他创造性地提出了课程结构的"五指活动"理论,五指活动包括:健康活动、社会活动、科学活动、艺术活动、文学活动。这五个方面相互联系,就像人的五个手指,共同构成了具有整体功能的手掌。(定义部分10分)

(1) 健康活动:饮食、睡眠、早操、游戏、户外活动、散步等。
(2) 社会活动:朝夕会、周会、纪念日、集会、每天的谈话、政治常识等。
(3) 科学活动:栽培植物、饲养动物、研究自然、认识环境等。
(4) 艺术活动:音乐(唱歌、节奏、欣赏)、图画、手工等。
(5) 文学活动:故事、儿歌、谜语、读法等。(每小点2分,共10分)

5.【参考答案】
(1) 教育是一种特殊的文化现象,教育与文化是相互依存、相互制约的关系。(2分)
(2) 文化对教育具有制约作用。(9分)
①文化观念制约教育观念;②文化类型影响教育目标;③文化本体影响教育内容;④文化传统制约教育活动的方式。
(3) 教育对文化具有促进作用。(9分)
①教育具有文化传承功能;②教育具有文化选择功能;③教育具有文化创新功能;④教育具有文化融合功能。

6.【参考答案】
(1) 教育与人口之间的关系是相互联系、相互制约的。(2分)
(2) 人口对教育发展具有制约作用。(9分)
①人口数量影响教育规模。社会的人口数量是不断变化的,人口增长率影响教育发展规模,进而影响教育质量。②人口结构影响教育结构。人口的年龄构成制约着各级教育发展的规模与进程;人口就业结构制约着学校教育结构;人口地域分布制约着学校布局。③人口质量影响教育质量。直接影响是入学者已有的水平对教育质量的总影响;间接影响是年长一代的人口质量影响新生一代的人口质量,从而影响以新生一代为教育对象的学校的教育质量。

(3) 教育的人口功能。(9分)
①教育可减少人口数量,是控制人口增长的手段之一。控制人口增长的手段很多,发展教育是其中之一,而且被认为是起长远作用的手段。②教育可提高人口素质,是改变人口质量的手段之一。通过教育,可以提高人口的身体、科学文化以及品德素质。③教育可使人口结构趋向合理化。主要表现在:第一,教育影响年龄结构;第二,教育影响人口的城乡结构;第三,教育影响人口的行业和职业结构。④教育有利于人口的迁移。主要表现为:受过教育的人口更容易做远距离的迁移;文化教育发达的城市和地区更吸引迁移人口;教育本身就实现着人口的迁移。

四、材料题(每小题20分)

【参考答案】
(1) 幼儿园教育需要遵循的原则主要有:全面发展的原则;发展适宜性原则;主体性原则;以游戏为基本活动的原则;保教合一原则;面向全体,尊重差异原则等。(6分)

(2) 幼儿学英语的作用究竟有多大?全面发展原则要求促进儿童体、智、德、美诸方面全面发展,幼儿学英语在促进幼儿的全面发展方面即使有一些作用,作用也不会太大,能听懂、说好母语才是关键;发展适宜性原则包括两层含义:一是年龄适宜性;二是个体适宜性。幼儿期学英语如果能根据儿童的年龄特点和个别差异选择内容与方法,那可能促进儿童的发展;但如果采用小学的英语教学方式,那么可能会阻碍幼儿的发展。(7分)

(3) 幼儿英语该怎么学?如果幼儿有学习英语的兴趣,而且幼儿园也有一套适合幼儿学习的完整的方案,那么,有能力的幼儿可以学一点英语,但必须采用适合的方式,即采用游戏的方式,将英语的学习当成游戏的过程,这样才能促进幼儿的全面发展。(7分)

第二章 学前教育与儿童发展

一、单项选择题(每小题3分)

1—5:DDBDB 6—10:CBCCB 11—15:CBAAA 16—20:BDDBA
21—25:CCABB 26—30:ABBBB 31—35:DCBAB 36—40:DACAB
41—45:CACBA 46—50:CDACC 51—55:ACDAA 56—60:ABBBD
61—65:CDBDB 66—70:CDBAA 71—75:DDACD 76—80:DABBB
81—85:BBCCC 86—90:DDCBD 91—95:AAAAC 96—100:BBABA
101—106:CBBACD

二、简答题(每小题15分)

1.【参考答案】
(1) 思维的直观行动性。
(2) 思维的具体形象性。
(3) 思维的抽象逻辑性开始萌芽。

(每小点5分)

2.【参考答案】
(1) 从依从性向独立性发展。
(2) 从外部行为评价向内部心理品质评价发展。
(3) 常常带有主观情绪性。
(每小点 5 分)

3.【参考答案】
(1) 从不完整句到完整句。
(2) 从简单句到复合句。
(3) 从无修饰句到修饰句。
(4) 从陈述句到非陈述句。
(每小点 4 分,满分为 15 分)

4.【参考答案】
(1) 无条件地从外界学习模仿。
(2) 儿童自我概念初步形成,自我意识开始发展。
(3) 开始出现复杂的情感体验。
(4) 言语和思维的真正发生。
(5) 依恋行为的产生与发展。
(每小点 3 分)

5.【参考答案】
(1) 社会性是作为社会成员的个体为适应社会生活所表现出的心理和行为特征,也就是人们为了适应社会生活所形成的行为方式。例如,对传统价值观的接受,对社会伦理道德的遵从,对文化习俗的尊重以及对各种社会关系的处理。
(2) 幼儿的社会性发展是指儿童从一个自然人,逐渐掌握社会的道德行为规范与社会行为技能,成长为一个社会人,逐渐步入社会的过程。
(3) 幼儿的社会性发展在个体与社会群体、儿童集体以及同伴的相互作用、相互影响的过程中实现。
(4) 社会性可以说是一种静态形式,而社会性发展则是动态的过程,是一种逐步建构的过程。
(5) 一个生物人逐渐发展成为一个社会人的过程,亦即儿童社会性发展的过程。
(每小点 3 分)

6.【参考答案】
(1) 思维的发生标志着幼儿的各种认知过程已经齐全。
(2) 思维的发生使幼儿其他的认识过程发生质变。
(3) 思维的发生使幼儿的情绪和社会性行为得到发展。
(4) 思维的发展标志着幼儿意识和自我意识的出现。
(每要点 3 分,共 12 分,展开说明 3 分)

7.【参考答案】
(1) 最近发展区理论由苏联著名心理学家维果茨基提出。(3 分)
(2) 主要观点:儿童有两种发展水平:一是现有水平,即学生独立活动时达到的解决问题的水平;二是即将达到的发展水平,即通过教学获得的潜力。这两者之间的差异就是最近发展区。(6 分)

(3) 最近发展区理论说明了儿童发展的可能性,教育者应该具有发展的眼光。(3 分)
(4) 教学不能只适应学生的现有水平,而应着眼于学生的最近发展区。(3 分)

8.【参考答案】
(1) 幼儿初期(幼儿园小班,3—4 岁):(5 分)
① 最初步的生活自理;
② 认知依靠动作或行动;
③ 情绪不受理智支配;
④ 爱模仿。
(2) 幼儿中期(幼儿园中班,4—5 岁):(5 分)
① 更加活泼好动;
② 思维具体形象;
③ 开始接受任务;
④ 开始自己组织游戏。
(3) 幼儿晚期(幼儿园大班,5—6,7 岁):(5 分)
① 好问好学;
② 抽象思维开始萌芽;
③ 开始掌握认知方法;
④ 个性初具雏形。

9.【参考答案】
(1) 首尾律。从头到脚,即头部发育最早,其次是躯干,再是上肢,然后是下肢。(7 分)
(2) 中心四周律。首先发展的是靠近中轴的躯干,然后向身体的边缘延伸,即四肢。(8 分)

10.【参考答案】
(1) 从简单到复杂。
(2) 从具体到抽象。
(3) 从被动到主动。
(4) 从零乱到成体系。
(每小点 4 分,满分为 15 分)

11.【参考答案】
(1) 身高和体重的变化。
(2) 身体比例的变化。
(3) 骨骼发展。
(4) 肌肉的发展。
(5) 神经系统的发展。
(每小点 3 分)

12.【参考答案】
(1) 以无意记忆为主,有意记忆逐步发展。
(2) 以机械记忆为主,识记和遗忘速度快。
(3) 以形象记忆为主,语词记忆逐步发展。

(4) 记忆不精确,是一种自传体记忆。
(每小点 4 分,满分为 15 分)

13.【参考答案】
(1) 从想象的无意性,发展到出现有意性。
(2) 从简单的再造想象,发展到出现创造想象。
(3) 从想象的极大夸张,发展到符合现实的想象。
(每小点 5 分)

14.【参考答案】
(1) 观察的目的性加强。
(2) 观察的持续性延长。
(3) 观察的细致性增加。
(4) 观察的概括性提高。
(5) 观察方法的形成。
(每小点 3 分)

15.【参考答案】
(1) 无意记忆占优势,有意记忆逐渐发展。
(2) 记忆的理解和组织程度逐渐提高;机械记忆用得多,意义记忆效果好。
(3) 形象记忆占优势,语词记忆逐渐发展。
(4) 记忆的意识性和记忆方法逐渐发展。
(每小点 4 分,满分为 15 分)

16.【参考答案】
(1) 心理活动整体性的形成。
(2) 心理活动稳定性的增长。
(3) 心理活动独特性的发展。
(4) 心理活动积极能动性的发展。
(每小点 4 分,满分为 15 分)

17.【参考答案】
(1) 营造良好的情绪环境。
(2) 成人情绪自控的示范。
(3) 积极鼓励和引导。
(4) 正确理解和表达学前儿童的情感反应。
(5) 帮助儿童控制情绪。
(6) 教会儿童调节情绪的方法。
(每小点 3 分,满分为 15 分)

18.【参考答案】
(1) 活泼好动。
(2) 喜欢交往。
(3) 好奇好问。

(4) 模仿性强。
(5) 好冲动。
(每小点 3 分)

19.【参考答案】
(1) 操作能力最早表现,并逐步发展。
(2) 口语能力在婴儿期迅速发展。
(3) 模仿能力迅速发展。
(4) 认识能力迅速发展。
(5) 创造能力出现萌芽。
(每小点 3 分)

20.【参考答案】
(1) 顺序性。
(2) 阶段性。
(3) 不平衡性。
(4) 个别差异性。
(5) 稳定性和可变性。
(每小点 3 分)

三、论述题(每小题 20 分)

1.【参考答案】
(1) 积极师幼关系指的是民主、平等的师幼关系,是幼儿在幼儿园中的主要人际关系之一。(5 分)
(2) 师幼关系的状况决定教育质量。(5 分)
(3) 积极的师幼关系有助于幼儿发展:有利于幼儿心理健康;促进幼儿人际交往能力、语言能力、认知能力方面的发展;促进幼儿社会性发展。(5 分)
(4) 良好的师幼关系有助于教师的专业成长和发展。(5 分)

2.【参考答案】
(1) 家庭与社会因素。(6 分)具体包括家长的教养方式、家庭居住环境、以及电视媒体等。(6 分)
(2) 幼儿园因素。(3 分)具体包括教师的影响、课程与环境影响等。(5 分)

3.【参考答案】
(1) 教师自身:教师保持稳定、积极的情绪,有自我调适情绪的能力。(5 分)
(2) 教师与幼儿:亲近幼儿,理解幼儿的需要,乐意与幼儿相处;悦纳幼儿,容许幼儿犯错误;对幼儿身体、情绪变化敏感,并予以积极的回应。(5 分)
(3) 幼儿与幼儿:引导幼儿建立和谐的同伴关系。(5 分)
(4) 幼儿与环境:营造宽松、自由的环境,给予幼儿选择的机会,鼓励幼儿自主表现。(5 分)

4.【参考答案】
(1) 影响儿童发展的因素主要有遗传、环境、教育、儿童主观能动性。(5 分)
(2) 关系:①遗传是儿童发展的生物学前提,为儿童提供了发展的可能;②环境为儿童发展提供了条件;③教育在儿童发展中起着重要作用;④儿童的主观能动性是影响儿童发展的决定因素;⑤儿童发

展不是某种因素单独影响的结果,而是多种因素综合地、系统地相互作用的结果。(15分)

5.【参考答案】

(1) 学前儿童有了各种道德感的明显表现。(6分)

(2) 在道德动机方面,学前初期儿童的道德行为的动机往往受当前刺激的制约;只有在学前晚期儿童身上,才能初步看到独立的、主动的社会道德动机,但这些道德动机基本上仍然受具体的道德范例所支配。(6分)

(3) 在道德判断方面,学前初期儿童的道德判断带有很大的具体性、情绪性和受暗示性。他们在判断行为时,还不能把行为动机和效果统一起来,常常只看到行为的效果,而看不到行为的动机,更多的仅根据行为的结果而判断行为。学前晚期儿童开始能从社会意义上来判断道德行为,比较注重人的动机、意图。(8分)

6.【参考答案】

(1) 与家庭教育和社会影响相比,幼儿园教育是有组织、有目的、有系统地向学前儿童实施教育的机构,对儿童的影响深刻而久远。(6分)

(2) 幼儿园教育是由受过专门训练的专业人员——教师来完成的。(6分)

(3) 幼儿园教育可以协调遗传、环境等各种影响人发展的因素,使之处于最佳状态,发挥出最大效益。(8分)

四、材料分析题(每小题20分)

1.【参考答案】

(1) 成成哭闹的原因:(10分)

① 4岁幼儿情绪发展具有冲动性、不稳定性。(4分)

② 幼儿情绪完全外露,不加控制和掩饰。(3分)

例如,成成想要吃糖但是没有得到允许,就大哭大闹,即使妈妈要求"不要哭",也不认为这有什么不合理,反而继续哭闹。

③ 幼儿情绪常常处于激动状态,而且来势强烈,不能自已,不可遏制。(3分)

对于处在激动状态中的幼儿,只能冷处理。妈妈斥责成成,试图"以暴制暴",反而增强了幼儿的激动情绪。

(2) 指导与培养幼儿良好情绪的方法:(10分)

①转移注意力;②冷处理法与消退法;③行为反思法;④想象法。(每小点2分,共8分。展开说明2分)

2.【参考答案】

(1) ①不同的儿童有不同的心理,即儿童的心理发展存在差异性;②不同年龄阶段的儿童间存在差异性,即年龄差异;③同年龄阶段的儿童间也存在差异,即个别差异;④每个儿童的发展水平、速度和方向各不相同;认知、情绪、性格、情感、个性、能力和社会性发展都存在着差异。(10分)

(2) ①尊重差异,因材施教。一百个儿童有一百种语言,一百种梦想……所以作为教师,要尊重儿童间的差异,有针对性地进行因材施教。②利用差异,促进发展。教师要了解每个幼儿的个体差异,并利用这种差异进行个别教育,促进每个幼儿在原有水平上不断发展。③发展特长,培养个性。了解研究儿童,发现每个儿童的特长所在,并提供一切机会使之最大限度地发展。(10分)

3.【参考答案】

(1) 小凯妈妈的说法是错误的,成人不要轻易认为儿童在说谎。(2分)

(2) ①这与幼儿想象的夸张性有关。幼儿以无意想象为主,主要因为想象的目的性不明确,想象的主题易受到外界干扰而变化,想象过程受兴趣和情绪影响。材料中的小凯告诉妈妈他得了一个"小笑脸",他不一定是故意说谎,而是可能看到别的小朋友得到了笑脸,希望自己也有一个笑脸,就想象自己得到了笑脸。(6分)

② 受认知水平影响,幼儿容易把记忆内容与渴望的事情混淆。材料中的小凯因到其他小朋友得到"小笑脸",就想象自己也得到了笑脸,这是把自己的想象当做真实发生的事情,是混淆想象和现实的情况。(6分)

③ 受情绪的影响,容易把喜欢的、感兴趣的东西夸大,从而导致信以为真。材料中小凯看到其他小朋友得到了"小笑脸",希望自己也能得到一个笑脸,于是就想象自己已经得到了笑脸。这是小凯内心的写照。(6分)

4.【参考答案】

(1) 幼儿在3岁时仅能辨别上下;4岁开始辨别前后;5岁开始能以自身为中心辨别左右;7岁开始能够辨别以别人为基准的左右方位,以及两个物体之间的左右方位。(5分)

材料中大班的幼儿仅能以自身辨别左右,方位知觉水平发展不完善,对"左右"概念掌握不准确,所以做操动作混乱。(5分)

(2) 建议如下:

① 由于幼儿只能辨别以自身为中心的左右方位,所以教师在体育活动中,要面对幼儿,采用"镜面"示范动作的方式。(2分)

② 如有口令,教师的口令和呼号要清晰而有感情,声音洪亮而有节奏。根据动作幅度大小和肌肉有力程度,口令应有轻重缓急、强弱、快慢之分。(2分)

③ 丰富幼儿空间方位识别的经验,引导幼儿运用空间方位经验解决问题:(4分)

a. 请幼儿取放物体时,使用他们能理解的方位词,如把桌子下面的东西放到窗台上,把花盆放在大树旁边等。

b. 和幼儿一起识别熟悉场所的位置。如超市在家的旁边,邮局在幼儿园的前面。

c. 在体育、音乐和舞蹈活动中,引导幼儿感受空间方位和运动方向。

d. 和幼儿玩"按指令找宝"的游戏。对年龄小的幼儿要求他们按语言指令寻找;对年龄大些的幼儿可要求按照简单的示意图寻找。

④ 关注个别差异,进行因材施教,对于方位较好的幼儿可以组织幼儿做示范,对于方位知觉较差的幼儿可进行着重教育。(2分)

5.【参考答案】

(1) 轩轩处于具体形象思维水平。案例中轩轩对妈妈的话信以为真,听不懂妈妈话中的意思体现了具体形象思维的表面性,因此处于这一水平。(8分)

(2) 具体形象思维具有3个特点,分别是思维动作的内隐性、具体形象性、自我中心性。案例中都有体现,具体分析如下:

① 思维动作的内隐性。整个思维过程在头脑中进行,不需借助动作辅助。案例中轩轩在挑选桥墩的时候,只是看了看桥墩,又瞅瞅桥面,就选到了合适桥墩,体现了这一特点。(4分)

② 具体形象性。具体形象性又包括具体性、形象性、表面性、绝对性。案例中轩轩听不懂妈妈的反话，还以为妈妈真的同意他在外玩耍，体现了具体形象性中的表面性。看看桥墩和桥面，选到合适的玩具，体现了内隐性和形象性。不借助动作和玩具，在大脑中比较桥墩桥面体现了内隐性，大脑中思考的工具是观察后留在大脑中的桥墩桥面形象，比较的工具是大脑中的形象而不是具体的玩具，体现了形象性。(4分)

③ 自我中心性。自我中心又包括经验性、不可逆、拟人化。案例中轩轩乱丢玩具小狗，轩轩妈妈就说玩具小狗会感冒。轩轩认同玩具小狗会感冒提现了拟人性。轩轩立马捡起来并盖上了小毛巾，体现了的经验性。(4分)

6.【参考答案】

(1) 幼儿分类能力发展的特点：(10分)

① 幼儿已经具备基本的分类能力。材料中"很多幼儿拿出'船'"，说明已经具备分类能力。(2分)

② 幼儿的分类具有具体性和情境性。幼儿主要根据物体明显的外部特征和情境进行分类，如狗、人、鸟是幼儿真实生活的反映，与日常生活息息相关；依据感知特点进行分类，如颜色、形状、大小或其他特点分类，材料中幼儿会将狗、人、鸟分成一类，是因为它们最突出的特点都有头、脚、身体。(4分)

③ 幼儿的分类能力存在着明显的差异。材料中的三种分类方法表现了幼儿分类能力的差异。第一种是联系情境进行分类；第二种是按物体的外部特征进行分类；第三种分类具有一定的抽象水平。(4分)

(2) 教育实施策略：(10分)

① 在日常生活中观察、识别每个幼儿的分类发展水平。(3分)

② 在活动区投放不同程度的分类材料，针对不同的幼儿进行个别指导。(3分)

③ 在日常生活中丰富幼儿的生活经验，随时随地地培养幼儿的分类能力。(2分)

④ 在教学、游戏活动中培养幼儿分类能力，通过游戏教幼儿分类，激发幼儿对分类的兴趣。(2分)

7.【参考答案】

(1) 材料中反应出幼儿自我控制行为的不同特点。(8分)

自我控制是指一个人对自己行为的调节、控制能力，包括独立性、坚持性和自制力。幼儿自控能力随着年龄的增长，慢慢地从受他人控制发展到自我控制、从不会使用策略自我控制到使用策略进行控制。

(2) 幼儿二，表现出从受他人的控制发展到自我控制的行为特点。(6分)

幼儿的自我控制水平很低，一般要成人控制，但成人离开，就很难自我控制。上述材料中的幼儿二，就是这种情况。老师一离开就控制不住自己而偷偷地打开盒子。

(3) 幼儿一，表现出从不会自我控制发展到使用策略进行控制的行为特点。(6分)

随着年龄的增长，幼儿慢慢地学会使用简单的控制策略来进行自我控制。如材料中的幼儿一，当老师离开的时候，他一会看墙角，一会看地上，尽量不让自己看前面的盒子，小手也一直放在自己的腿上，这就是幼儿一运用分心策略来控制自己以达到老师的要求的表现。

8.【参考答案】

(1) 三种观点都不全面：第一种观点只关注到了遗传的作用，而忽视了教育和环境的作用，属于遗传决定论的观点。第二种观点只关注到了教育而忽视了遗传的作用，属于环境决定论的观点。第三种观点认为环境和遗传是一半一半的关系，理解片面化，忽视了个体因素(主观能动性)的作用。(8分)

(2) 儿童的发展受遗传、环境、教育三种外在因素的影响，但决定人发展的因素是主观能动性，即个体因素。遗传为儿童的发展提供了生物学基础；环境为儿童发展提供了条件；教育在儿童发展中起主导作用；主观能动性是决定儿童发展的关键因素。(8分)

(3) 儿童的发展是内外因相互作用的结果，既离不开遗传、环境、教育的外在制约，又需要个人发挥主观能动性。(4分)

9.【参考答案】

(1) 基尼的缺陷说明：(10分)

① 儿童发展受遗传、环境、教育和个体因素影响。

② 环境与教育是儿童发展的重要条件。基尼的缺陷说明环境和教育在人发展中的重要性。

如果基尼不是被关在一间完全被隔离的小屋里，如果有人与她交流，如果她能上幼儿园，那么这个悲剧就不会发生。

(2) 分析如下：(10分)

① 儿童发展存在关键期。关键期是某种心理活动、机能在某个阶段发展最迅速、变化最快、可塑性最强的阶段，在此时期适时对儿童进行正确教育，儿童心理发展很快；如果失去了时机，可能使以后的教育非常困难或终生造成障碍。

② 3岁前是儿童语言发展的关键期，失去了这一关键期，以后语言的发展就很难了。

③ 基尼3岁前没有受到相关的语言训练，错过了语言学习的关键期，所以虽经心教育，仍不能学会人类语言的语法规则。

10.【参考答案】

社会环境是指儿童的社会生活条件，包括社会的生产发展水平、社会制度、儿童所处的家庭状况、周围的社会气氛等。(2分)

社会环境对儿童心理发展所起的作用表现在以下三个方面：

(1) 社会环境使遗传所提供的发展可能性变为现实。(6分)

印度狼孩卡玛拉和阿玛拉就是典型的例子。早期隔离或剥夺实验的大量事实也充分说明人类的社会生活环境对儿童发展的重要影响。

(2) 宏观的社会环境和教育从根本上制约着儿童发展的水平和方向。(6分)

社会生产力的发展水平影响国民经济生活，影响科学文化和教育水平，从而影响儿童发展水平。社会风气不但制约儿童发展水平，也影响儿童个性形成的方向。

(3) 微观的社会环境是影响儿童心理个别差异的最重要条件。(6分)

微观的社会环境主要是指儿童所处的具体的生活条件，如家庭生活环境与教育，托儿所、幼儿园的环境与教育等。

第三章　幼儿园教育

一、选择题（每小题3分）

1—5：BDDCC　6—10：AADAD　11—15：BBCDC　16—20：CDDBA
21—25：AADDA　26—30：BBBAD　31—35：CBAAD　36—38：DDD

二、简答题（每小题15分）

1.【参考答案】

(1) 生活管理。

(2)教育管理。
(3)家园交流管理。
(4)班级间交流管理。
(5)幼儿社区活动管理。

（每小点3分）

2.【参考答案】
(1)启蒙性。
(2)生活化。
(3)游戏性。
(4)活动性。
(5)潜在性。

（每小点3分）

3.【参考答案】
(1)语言能力是在运用的过程中发展起来的，发展幼儿语言的关键是创设一个能使他们想说、敢说、喜欢说、有机会说并能得到积极应答的环境。(4分)
(2)幼儿语言的发展与其情感、经验、思维、社会交往能力等其他方面的发展密切相关。因此，发展幼儿语言的重要途径是通过互相渗透的各领域的教育，在丰富多彩的活动中去扩展幼儿的经验，提供促进语言发展的条件。(4分)
(3)幼儿的语言学习具有个别化的特点，教师与幼儿的个别交流，幼儿之间的自由交谈等，对幼儿语言发展具有特殊意义。(4分)
(4)对有语言障碍的儿童要给予特别关注，要与家长和有关方面密切配合，积极地帮助他们提高语言能力。(3分)

4.【参考答案】
(1)幼儿集体教学的优点：(8分)
①高效、经济、公平；②对幼儿学习和发展的引领性强；③系统性强；④形成学习共同体，培养集体感。
(2)幼儿集体教学的弊端：(7分)
①统一标准，难以关注幼儿的个性和差异。②强调统一要求，难以开展因材施教、个别教学。③容易导致与实际生活脱节。④强调教师的主导作用，容易忽视儿童的主体地位。

5.【参考答案】
(1)幼儿的科学教育是指科学启蒙教育，重在激发幼儿的认识兴趣和探究欲望。
(2)要尽量创造条件让幼儿参加实际探究活动，使他们感受科学探究的过程和方法，体验发现的乐趣。
(3)科学教育应密切联系幼儿的实际生活进行，利用身边的事物与现象作为科学探索的对象。

（每小点5分）

6.【参考答案】
(1)活动法：游戏法、实验法、操作练习法。
(2)直观法：观察法、演示和示范法。

(3)讲授法：谈话法、讲解和讲述法。
(4)提问法：描述性提问、比较性提问、分类性提问等。
(5)讨论法：各自表达自己的想法。

（每小点3分）

7.【参考答案】
(1)对周围的事物、现象感兴趣，有好奇心和求知欲。
(2)能运用各种感官，动手动脑，探究问题。
(3)能用适当的方式表达、交流探索的过程和结果。
(4)能从生活和游戏中感受事物的数量关系并体验到数学的重要和有趣。
(5)爱护动植物，关心周围环境，亲近大自然，珍惜自然资源，有初步的环保意识。

（每小点3分）

8.【参考答案】
(1)评价应有利于改进与发展课程。
(2)评价中发挥教师的主体性。
(3)评价要有利于幼儿的发展。

（每小点5分）

9.【参考答案】
(1)优点：(7分)
①重视学生发展的全过程，能记录学生的成长历程，提供相对"真实"的信息和证据、丰富多样的评价材料。
②能开放地、多层面地、全面地评价学生，针对每一位学生进行评价，评价具有个性和针对性，使学生体验到成功，感受到成长与进步。
③有利于提高学生的自我反思能力，使学生对自己的学习负责。
(2)缺点：(8分)
①容易走形式、走过场；内容太多，不好选择，不好整理、分析。
②主观性太强，很难达到客观、真实。
③很难保持公平、公正，容易"走后门"。
④工作量太大，教师负担过重。

10.【参考答案】
(1)从轻信成人的评价到自己独立评价（从依从性向独立性发展）。(4分)
(2)从对外部行为的评价到对心理品质的评价。(4分)
(3)从比较笼统的评价到比较细致的评价。(4分)
(4)从带有主观情绪评价到相对客观评价。(3分)

11.【参考答案】
(1)树立正确的评价观。
(2)与日常教育工作相结合。
(3)充分、合理地运用评价结果。

（每小点5分）

12.【参考答案】
(1) 观察法。
(2) 访谈法。
(3) 问卷法。
(4) 测验法。
(5) 自我评价法。
(6) 作品分析法。
(7) 档案袋评价法。
(每小点3分,满分为15分)

13.【参考答案】
(1) 根据评价的功能和运行时间分类:(6分)
①诊断性评价;②形成性评价;③终结性评价。
(2) 根据评价的参照体系分类:(3分)
①个体内差异评价;②相对评价;③绝对评价。
(3) 按照评价是否按量化标准分类:(3分)
①定量评价;②定性评价。
(4) 根据评价的主体分类:(3分)
①内部评价;②外部评价。

14.【参考答案】
(1) 诊断与改进作用。
(2) 鉴定与选拔作用。
(3) 导向与调节作用。
(每小点5分)

15.【参考答案】
(1) 规则的内容要明确且简单易行。
(2) 要提供给幼儿实践的机会,使幼儿在活动中掌握规则。
(3) 教师要保持规则的一贯性。
(每小点5分)

16.【参考答案】
(1) 提供必要环境,促进幼儿身心发展。
(2) 帮助幼儿养成良好生活习惯,提高自理能力。
(3) 满足社会的需要。
(4) 使教育管理顺利进行。
(每小点4分,满分为15分)

17.【参考答案】
(1) 规则引导法。
(2) 情感沟通法。
(3) 互动指导法。

(4) 榜样激励法。
(5) 目标指引法。
(每小点3分)

18.【参考答案】
(1) 幼儿园班级工作计划的制订。
对班级基本情况进行分析;制订班级本学期工作的主要目标;提出具体要求和措施。
(2) 幼儿园班级工作的组织与实施。
教师之间要有明确的分工;对幼儿进行分组。
(3) 幼儿园班级工作的检查与计划调整。
检查是对计划的检查,根据计划实施的情况对预先制订的计划进行调整。
(4) 幼儿园班级工作的总结与评估。
对班级工作计划的实施情况进行全面检查与评估,发现成绩和缺点,总结经验和教训。总结的过程也是一个对以往工作进行全面检查、分析和研究的过程。
(每小点4分,满分为15分)

19.【参考答案】
(1) 身体健康,在集体生活中情绪安定、愉快。
(2) 生活、卫生习惯良好,有基本的生活自理能力。
(3) 知道必要的安全保健常识,学习保护自己。
(4) 喜欢参加体育活动,动作协调、灵活。
(每小点4分,满分为15分)

20.【参考答案】
(1) 我国幼儿园的教育目的:对幼儿实施体、智、德、美等方面全面发展的教育,促进其身心和谐发展。(7分)
(2) 幼儿园教育的任务:实行保育与教育相结合的原则,对幼儿实施体、智、德、美诸方面全面发展的教育,促进其身心和谐发展。幼儿园同时为家长参加工作、学习提供便利条件。(8分)

21.【参考答案】
(1) 成因不稳定性。
(2) 出现的突然性。
(3) 后果严重性。
(4) 处理的紧迫性。
(每小点4分,满分为15分)

22.【参考答案】
(1) 人际关系紧张类。
(2) 暴力冲突。
(3) 厌学。
(4) 恶作剧。
(5) 财物丢失。
(每小点3分)

23.【参考答案】
(1) 教育性原则。
(2) 主体性原则。
(3) 公正性原则。
(4) 针对性原则。
(5) 预防重于治疗原则。
(每小点3分)

24.【参考答案】
(1) 降温处理法。
(2) 因势利导法。
(3) 幽默化解法。
(4) 以退为进法。
(5) 移花接木法。
(每小点3分)

三、材料分析题(每小题20分)

1.【参考答案】
(1) 充分体现儿童为本的思想。(5分)

当儿童发现丝瓜秧趴在地上不起来,不像小辣椒站得直直的,因而对此产生兴趣时,老师能够迅速调整思路,让孩子们进行观察,并要求实践试验,充分表现了儿童为本的课程设计思想。

(2) 课程内容生活化,激发儿童的主动性与积极性。(5分)

在本次活动中,教师将自然角投放的材料、教学目标和内容转化为幼儿的内在需要,让儿童自主探索,激发儿童探究兴趣与强烈的学习动机。

(3) 就地取材,重新规划课程实施。(5分)

当发现儿童对丝瓜秧和小辣椒两者的不同时,老师根据实际情况作出调整,冷静、机智、巧妙地处理,以最佳的教育态度、教育行为对待随机事件。

(4) 课程实施以儿童为中心,积极创设环境,促进儿童发展。(5分)

教师能对儿童的互动行为保持高度关注,并给予积极回应,注重对儿童的肯定,且适时参与到儿童的活动中,有效牵引教师与儿童互动。教师通过环境的创设与利用,有效地促进了幼儿的发展。

2.【参考答案】
(1) 图1反映的是"夸张法"的表现手法;图2反映的是"展开式"的表现手法;图3反映的是"透明画"的表现手法。(6分)
(2) 应该这样理解幼儿的绘画:(4分)
① 幼儿的绘画发展,可以分为涂鸦期(1.5—3.5岁)、象征期(3.5—5岁)及图式期(5—7岁)三个阶段。
② 幼儿的绘画是幼儿心理的一种表达。
③ 幼儿的绘画是幼儿认知社会的一种方式。
④ 幼儿的绘画往往蕴含着丰富的想象和情感。

⑤ 幼儿的绘画表达的是幼儿自己的世界,而不是成人的世界。
(3) 评价幼儿画时应注意:(10分)
① 评价时要以促进幼儿发展为目标。
② 要以欣赏、爱护幼儿的态度去评价。
③ 评价时注意考虑绘画本身是否反映了幼儿的生活经验,是否表达了幼儿自己的情感。
④ 绘画作品是否有个性,是否有创造力和想象力。
⑤ 不能以"像不像""好不好"等成人的标准去评价。

3.【参考答案】
(1) 不适宜。(2分)因为"了解春天的季节特征"的最佳方式是到大自然中去充分观察与探究,类似图片拼摆及欣赏不能作为实现这一目标的主要途径。(4分)
(2) 问题:(10分)
① 计算与拼图之间没有建立必然联系,无需计算就可以根据画面的图案、颜色完成拼图。(4分)
② 切割后的小块图形轮廓线索太过明显,幼儿无需看图,只要根据轮廓就能完成拼图。(4分)
③ 小块图形数量对大班幼儿缺乏挑战性。(2分)
建议:可以提升这套拼图材料的难度,如:降低小块图形轮廓成为线索的可能性、增加小块图形的数量。(4分)

4.【参考答案】
(1) 幼儿美术活动中的评价属于形成性评价。

形成性评价的目的在于分析幼儿在活动中存在什么问题,然后帮助幼儿解决问题。案例中的彬彬画得不好,那么应该指出哪里不好,然后帮助他解决,而不是批评他。

(2) 形成性评价的目的在于促进幼儿的发展。

教育评价的目的在于促进幼儿的最大发展,而案例中的教师却在阻碍幼儿的发展,使孩子回家后心情很不好。这有违教育评价的宗旨。

(3) 评价的目的性。

任何评价都有一定的目的,如果保教活动中的教师评价是为了让幼儿把画画得更好,那么为了达到这个目的,就应该肯定其中的优点,指出其中的不足,然后加以改正。而案例中的老师,不知是出于什么目的,不断地批评画得不太好的几位小朋友,因而违背了教育评价的目的性原则。

(每小点6分,展开说明2分)

5.【参考答案】
(1) "成长记录袋"属于档案袋评价的一部分,是指教师有意地将各种有关幼儿表现的材料收集起来,并进行合理的分析与解释,以反映幼儿发展过程中的努力、进步状况或成就。

(2) "成长记录袋"的内容主要包括:幼儿的基础性信息(如身高、体重等自然信息;智力、情绪、个性等心理信息);幼儿在幼儿园的表现(包括学习、生活、作品、行为等);幼儿自己对学习和活动的评价及教师的记录和评价;幼儿获得的奖励、受过的处罚等。

(3) 使用时注意遵守生活化原则、激励性原则、趣味性原则、可操作性原则。

(4) 可以请家长与其他老师、幼儿本人合作完成,即注意家园合作。

(每小点5分)

四、活动设计题（每小题30分）

1.【参考答案】

一、评价目的与指导思想（4分）

（一）评价目的

（1）及时分析幼儿发展状况，了解幼儿的发展需要，帮助教师在评价中发现、分析、研究和解决问题。

（2）对教育过程进行调整与完善，实现教育评价的反馈功能，促进幼儿全面和谐发展。

（二）指导思想

以《幼儿园教育指导纲要（试行）》及《3—6岁儿童学习与发展指南》的精神为依托，以幼儿园"十四五"发展规划愿景为追求，有效落实以幼儿发展为本的教育理念。为每位幼儿一生的发展奠定基础，为每位幼儿的健康成长提供条件，为每位幼儿的多元智能发展创造机会，根据幼儿教育目标对幼儿进行"情感、态度、能力、知识、技能"全面的评价，促进幼儿均衡发展，注重幼儿的潜能开发与个性化教育。

二、评价内容与评价标准（20分）

（一）评价内容

评价内容包括生活、学习、运动、游戏四大版块。（具体内容略）

（二）评价标准

采用五级评分法，分成"5、4、3、2、1"五个等次。5=完全达到；4=达到；3=基本达到；2=部分达到；1=完全没达到。

三、评价方法与评价工具（2分）

（一）评价主体

家长、幼儿、教师、社区。

（二）评价方法

观察记录分析、调查与访谈、量性测试、评语记录等。

（三）评价工具

根据评价方法采用相应的工具。如运用观察记录分析方法时，一般要使用相应的观察量表。

四、评价实施与组织工作（4分）

（一）评价领导

由园长和家庭委员会负责组织实施。全体老师和幼儿、幼儿家长、社区相关人员共同参与。

（二）实施时间

20××年度第二学期。

（三）经费来源

幼儿园办公经费。

（四）评价报告撰写

科研室负责。

（五）评估报告的使用

供相关老师与家长参考。

2.【参考答案】

一、评价目的与指导思想（4分）

（1）为进一步加强管理，提高我园保教质量，强化激励机制，奖优罚劣，更好地调动教师的工作积极性，特制定幼儿园教师评价方案。

（2）绩效工资的发放根据对教师的考核，逐步体现优教优酬，不搞平均主义。

（3）发挥奖金的激励作用，调动幼儿教师的工作积极性，激励教师多干工作，干好工作，创设竞争氛围。

二、评价内容（8分）

评价内容由学月评价和学期末评价组成。

学月评价：考勤、安全、入园率、工作量、一日活动、园级各项活动评选。

学期末评价：思想表现、园本教研、幼儿素质测评、奖惩。

三、评价实施细则（16分）

（一）学月评价细则

1. 考勤（100分）

2. 工作量（200分）

包括政治学习（10分）、计划类（10分）、听课记录（30分）、教师备课（40分）、课堂教学（60分）、教育笔记（30分）、理论学习（20分）。

3. 日常工作（100分）

包括一日活动（60分）、家园共育（20分）和其他工作安排（20分）。

4. 入园率（100分）

大班：出勤率达到98%及以上，记满分。（每下降一人次，扣0.1分）

中班：出勤率达到95%及以上，记满分。（每下降一人次，扣0.1分）

小班：出勤率达到90%及以上，记满分。（每下降一人次，扣0.1分）

5. 各种活动评选（100分）

根据我园开展的各项评比活动进行量化记分，根据各项活动总分分别记100分、85分、70分。

6. 安全（30分）

安全实行一票否决制，如果出现安全事故，相关责任人记零分，无安全事故记满分。

（二）学期末评价细则

1. 思想表现（100分）

家长评议（10分）、教师评议（35分）、教工代表评议（20分）、领导干部评议（35分）。

注：凡严重违反教师职业规范，由学生或家长举报，经查属实并通报的一律定为差。

2. 园本教研（50分）

课题研究（10分）、教研活动（40分）。

3. 幼儿素质发展（200分）。

幼儿素质测评（160分）、特长发展（40分）。

4. 奖惩

（1）年级主任、教科室主任、教导主任：按等级加分：优12，良10，中8分。其他所分配工作，视情况酌情记分。此项最高分不超过5分。

（2）奖励分：

辅导幼儿参加各类比赛：省、国级12、10、8分；市级10、8、6分；县级8、6、4分；镇级6、4、3分。

业务评比：观摩课、公开课分，国10、省8、市6、县4、镇3、校2分；园级研究课每人次记2分；发表论文记分，国10、省8、市6、县4分。

师带徒：由教科室按辅导效果划分等级。优5分、良3分、中2分。

(3) 惩罚分：不接受分配任务，一次扣5—10分；顶撞领导，不维护集体荣誉，恶意散布不满言论视情情节扣10—20分；不爱护幼儿园公物，或浪费学校财产，一次扣5—10分；违反幼儿园规定视情节扣10—30分；重大安全责任事故一人次扣30分；体罚或变相体罚一人次扣5—15分。

四、附则(2分)

(1) 本评价办法每学期进行一次评价。

(2) 学年度评价，综合两个学期的得分，进行综合评价，按人数比例确定各等级人数。

3.【参考答案】

一、基本要求(4分)

(1) 要有基本内容：及格(60)。

(2) 自己制作的东西：良(80)。

(3) 有创意、工艺精细：优(100)。

二、幼儿园班级环境、区域布置评价标准(20分)

(1) 整体环境适合本班幼儿的年龄特点。

(2) 大环境色彩鲜艳、和谐、富有美感。

(3) 环境中主题墙布置教学特色明显，教育性强，气氛浓厚。

(4) 环境能体现孩子的主体性。

(5) 环境能结合季节课程要求，内容丰富。

(6) 游戏区域布置别致，并有操作性。

(7) 自然角布置有意义。

(8) 游戏材料丰富，孩子收放方便。

三、组织与实施(略)(6分)

4.【参考答案】

(1) 原因分析：(8分)

① 幼儿在游戏中为了当好自己喜欢的角色，愿意按角色的要求去做，就主动地约束自己，以符合行为规范(4分)。

② 在家中，家长平时疏忽了对幼儿礼貌行为的教育，对幼儿的行为比较放任。(4分)

(2) 教育目标：(6分)

① 了解基本的礼貌用语，养成良好的文明礼貌习惯。

② 通过开展"文明礼貌伴成长"活动，提高教师自身素养，以教师为榜样带动幼儿，影响家庭。

③ 通过看看、说说、画画、玩玩的方式，懂得文明礼貌的重要性。

④ 积极参与各类活动，并能用语言大胆表达自己参与活动的体验。

(3) 教育指导内容与方法：(16分)

活动1：

【活动名称】

小猴打电话——中班社会交往活动。

【活动内容】

知道说话礼貌的重要性，学会使用礼貌用语。

【活动准备】

玩具小猴一个，故事动画《小猴打电话》，玩具电话四台，小猴、小熊、小鸭、小兔头饰若干，歌曲《我们从小有礼貌》。

【活动过程】

(1) 谈话导入：孩子们，平时你们都喜欢和谁打电话？打电话时你都和他说些什么？你是怎样说的？

(2) 出示玩具小猴，进入课题。

① 播放故事动画《小猴打电话》，使幼儿感知没礼貌的后果，教师提问：小猴的好朋友为什么没有来？

小结：小猴豆豆在电话里说话不礼貌，所以朋友们都不理睬他。

② 游戏："打电话"，引导幼儿学礼貌用语。

教师示范游戏：教师戴小猴头饰，用礼貌语给小熊打电话，教师请个别幼儿模仿游戏：请两名幼儿自由选择当小猴和小鸭，用礼貌语打电话。示范若干次后开始分组游戏。

③ 提问讨论：小朋友，你们帮小猴豆豆变得有礼貌了，你们自己在幼儿园、在家里该怎样做有礼貌的孩子呢？

④ 音乐欣赏：歌曲《我们从小有礼貌》。

【活动延伸】

在家里，家长指导幼儿用礼貌语给亲人和朋友打电话。

活动2：

【活动名称】

文明礼仪伴我行。

【活动内容】

学会使用十字文明用语"请、谢谢、对不起、您好、再见"，并能用绘画形式表现出来；学习礼仪三字歌；会用礼貌、连贯的语言把自己的礼仪彩旗送给路人。

【活动准备】

(1) 各色彩纸背面是文明用语，正面是幼儿作画，用筷子做成彩旗。

(2) 各班学会礼仪三字歌。

(3) 注意出游安全。

【活动过程】

(1) 稳定幼儿情绪，做好准备工作。

在幼儿园集合清点人数，9：00准时出发。工作人员和老师做好安全工作。

(2) 带领幼儿排整齐队伍，提醒幼儿注意安全，关注个别幼儿。鼓励幼儿独立行走，不跑跳、不推挤、不掉队！

(3) 活动安排：

① 每班幼儿人手一面彩旗，整齐排好队出发。

② 每班轮流朗诵礼仪三字歌：《我会排队》《红绿灯》《行走》《环保小卫士》。

③ 到指定地点，把礼仪彩旗送给路人。

④ 幼儿与路人合影，老师与幼儿进行合影。

(4) 活动结束：

① 老师清点人数，带队回幼儿园。在返回的路上，老师要鼓励幼儿坚持，培养幼儿坚韧的品质。

② 组内通讯员及时发表新闻,年级组长完成大班礼仪活动小结。

【活动延伸】

礼仪画展。

活动3:

【活动名称】

有礼貌的小人儿。

【活动内容】

学习日常生活中如何讲礼貌;讲礼貌的6条规则。

【活动准备】

纸、笔每人一份。

【活动过程】

(1)教师说:"小朋友们好。"幼儿回答:"老师好。"教师高兴地说:"你们真有礼貌。现在我向小朋友提个问题,你们平时是如何讲礼貌的?"(幼儿发言时,教师注意提醒幼儿把话说完整)教师根据幼儿所说的内容画出简示图。幼儿说:"每天早晨第一次见到老师要鞠躬问早。"(规则1)教师在黑板上画出小朋友来园问好的简示图。幼儿说:"小朋友应友好地在一起玩。"(规则2)教师在黑板上画出小朋友手拉手的简示图。

(2)当幼儿对规则表达不清楚时,教师帮助。幼儿说:"小朋友摔倒,我把他扶起来。"教师画出这个情节的简示图,然后归纳为:别人遇到困难,我们应主动帮助。(规则3)幼儿说:"不能爬栏杆。"教师归纳为:应主动纠正别人的错误行为。(规则4)

(3)有些规则幼儿说不出来,教师可先提出问题,然后让幼儿讨论,最后确定规则。教师说:"别人说话时,我们不能打断人家的谈话,但如果我们有急事非说不可,怎么办?"讨论让幼儿知道要先说:"对不起,打扰您一下。"(规则5)教师再把此情景的简示图画出来。教师问:"小朋友和别人游戏发生矛盾时,如果你认为你有理,怎么办?"请幼儿讨论,最后确定规则:如果游戏时两人发生矛盾,要心平气和地讲道理。(规则6)

(4)请幼儿给整幅图取个名字。只要不离开"讲礼貌"的主题即可。

【活动延伸】

请小朋友把这6条规则看图说一遍,然后画下来,回家告诉爸爸、妈妈,你在幼儿园是怎么做有礼貌的好孩子的。

第四章 生活指导

一、选择题(每小题3分)

1—5:ADAAB 6—10:CCDCD 11—15:ABBBB 16—20:DCABD
21—25:DDBBB 26—30:ABBAC 31—35:DDCBA 36—40:CAACA
41—45:DDADC 46—50:BDBAD 51—55:BBCAD 56—60:AADAD
61—65:DDBAC 66—71:CDDCCA

二、简答题(每小题15分)

1.【参考答案】

(1)由图可知,选择上午的人数多,选择下午的人数少,在一定程度上反映了园长、教师更重视上课

等集体教育活动,有忽视生活环节教育价值的倾向。(8分)

(2)有约30%的教师选择一天,反映了教师对一日生活各环节、各类活动教育价值的重视。但要充分发挥幼儿园教育活动的整体功效,来实现幼儿园教育的目标。一方面,要处理好幼儿的发展与各种环境中教育因素之间的关系,使幼儿园的各项活动都着眼于促进幼儿的整体发展上,尽可能把握每一种教育活动的功能,使教育因素时刻存在于幼儿的生活中,充分发挥各种教育活动的整体效果。另一方面,要处理好身体、认知、情感、品德、审美等方面要求的关系,不可只强调一方面而偏废另一方面。在活动安排上,更不可某一方面的发展活动安排过多,而其他方面的发展活动不足,从而严重影响幼儿均衡协调的发展。(7分)

2.【参考答案】

(1)结合生活实际对幼儿进行安全教育,教给幼儿简单的自救和求救的方法。(4分)

在幼儿园教学活动中,有意识地结合活动内容对幼儿进行安全教育,注重在互动中培养幼儿的自我保护能力。

(2)在户外活动开展前,创设安全的生活环境,提供必要的保护措施。(4分)

①把关运动器材,保障活动安全。②科学安排场地,保障活动安全。③帮助幼儿认识常见的安全标识,如:小心触电、小心有毒、禁止下河游泳、紧急出口等。

(3)在户外活动开展时,时刻注意引导幼儿注意安全。(4分)

①在公共场所要注意照看好幼儿。②幼儿乘车、乘电梯时要有教师陪伴。③提醒幼儿要紧跟成人,不跟陌生人走,不吃陌生人的东西等。

(4)注意强化幼儿的户外体育活动常规意识,让幼儿知道遵守常规的重要性。(3分)

①在组织幼儿开展体育活动时,应认真讲明游戏的规则,并严格要求幼儿遵守这一规则。②户外活动完成后,强化幼儿遵守常规的意识和安全意识。

3.【参考答案】

(1)含义:工具性攻击行为指孩子为了获得某个物品所作出的抢夺、推搡等动作,这类攻击本身指向于一个主要的目标或某一物品的获取。敌意性攻击则是以人为指向目的,目的在于打击、伤害他人,如嘲笑、殴打等。(3分)

(2)相同点:都是有目的的社会行为。(3分)

(3)不同点:

① 指向对象不同。工具性攻击指向的是物品,为了获得物品而攻击别人;敌意性攻击指向的是人,为了嘲笑批评他人。(3分)

② 年龄段不同。小班幼儿的工具性攻击行为多于敌意性攻击行为,而大班幼儿的敌意性攻击则显著多于工具性攻击(3分)

③ 预见性不同:工具性攻击属于缺少预先的设想和深思熟虑而造成的对他人的伤害;而敌意性攻击是为了报复先前的侮辱或伤害,或者他们只是做他们想做的事情,而使别人受到伤害,具有深思熟虑的特点。(3分)

4.【参考答案】

(1)社会交往障碍。

(2)交流障碍。

(3)兴趣狭窄及刻板重复。

(每小点5分)

5.【参考答案】
(1) 身体扭动不停,易暴怒并做出不可预料的行为。
(2) 注意力不能集中,经常妨碍其他儿童。
(3) 经常撅嘴或生气。
(4) 经常坐立不安。
(5) 容易兴奋或冲动,情绪变化激烈。
(6) 做事有始无终,容易灰心丧气等。
(每小点 3 分,满分为 15 分)

6.【参考答案】
(1) 动作发展正常。
(2) 认知活动积极。
(3) 情绪积极向上。
(4) 人际关系融洽。
(5) 性格特征良好。
(6) 没有严重的心理健康问题。
(每小点 3 分,满分为 15 分)

7.【参考答案】
(1) 游戏模拟法。
(2) 对照比较法。
(3) 实例分析法。
(每小点 5 分)

8.【参考答案】
(1) 晨间接待。
(2) 晨间活动。
(3) 升国旗、早操。
(4) 如厕、喝水。
(5) 集中教学活动。
(6) 区域活动。
(7) 游戏活动与体育活动。
(8) 进餐活动。
(9) 睡眠与起床。
(10) 离园。
(每小点 2 分,满分为 15 分)

9.【参考答案】
(1) 在连续观察和记录中,提高幼儿科学探索能力和观察能力。
(2) 通过种植活动,帮助幼儿领略自然常识。
(3) 在照顾植物的过程中,培养幼儿不怕困难、坚持不懈的科学品质。
(4) 种植活动的开展,有利于培养幼儿对大自然的积极情感。

(5) 种植活动有利于幼儿园课程的完善和补充。
(每小点 3 分)

10.【参考答案】
(1) 培养正确的姿势,防止骨骼畸形。
(2) 积极开展户外活动和体育活动,促进骨骼生长。
(3) 合理安排膳食和生活,保证营养供给。
(每小点 5 分)

11.【参考答案】
(1) 养成用鼻呼吸的习惯,不要用嘴呼吸。
(2) 教会正确擤鼻涕和打喷嚏的方法。
(3) 保护嗓子,不大声喊叫。
(4) 养成专心吃饭的好习惯,不边吃边说话。
(5) 保持室内通风换气,开展户外活动和体育锻炼。
(每小点 3 分)

12.【参考答案】
(1) 做好学前儿童牙齿的保护工作。定期检查牙齿,发现问题及时处理,教给儿童正确的刷牙方法。
(2) 建立合理的饮食制度,教育儿童要细嚼慢咽,不暴饮暴食。
(3) 培养儿童定时排便的习惯。要让儿童懂得多吃蔬果、多喝水、多运动的好处。
(每小点 5 分)

13.【参考答案】
(1) 精心安排丰富、适宜的活动,刺激神经系统的发育。
(2) 保证充足的睡眠,促进神经系统发育的进一步完善。
(3) 根据大脑活动的规律,合理制定生活制度、安排各项活动。
(4) 合理的营养供应有利于神经系统的正常发育。
(5) 注意用脑卫生,保持室内空气清新。
(每小点 3 分)

14.【参考答案】
(1) 生长发育既有连续性又有阶段性。
(2) 生长发育的速度不是直线上升的,而是呈波浪式的。
(3) 各器官系统的发育呈现不均衡。
(4) 生长发育按一定程序进行。
(5) 每个儿童的体格发育有他自身的特点。
(每小点 3 分)

15.【参考答案】
(1) 形态指标。如身高、体重和头围。
(2) 生理功能指标。如血压、心率、脉搏、体温等。
(3) 生化指标。如血红蛋白、转氨酶、胆红素等。
(4) 心理行为发育指标。如个性特征、行为特点等。

(每小点 4 分,满分为 15 分)

16.【参考答案】
(1) 蛋白质。
(2) 脂类。
(3) 碳水化合物。
(4) 矿物质。
(5) 维生素。
(6) 水。
(每小点 3 分,满分为 15 分)

17.【参考答案】
(1) 合理安排膳食时间。
(2) 注意膳食搭配。
(3) 合理采用烹调方法。
(4) 食物的科学选择。
(每小点 4 分,满分为 15 分)

18.【参考答案】
(1) 建立合理的饮食制度,培养儿童认真吃正餐的习惯。
(2) 学前儿童饮食要定时、定位、定量,食前有准备。
(3) 要养成饮食多样化的习惯,不挑食、不偏食。
(4) 要细嚼慢咽,不要狼吞虎咽。
(5) 注意饮食卫生,讲究进餐礼仪。
(每小点 3 分)

19.【参考答案】
(1) 接触日光不足。
(2) 生长过快。
(3) 疾病的影响。
(4) 饮食不合理。
(每小点 4 分,满分为 15 分)

20.【参考答案】
(1) 在手足口病流行期间,幼儿园要加强对学前儿童的晨、午检。
(2) 注意休息。
(3) 多饮水,多吃有营养、易消化的流质、半流质食物。
(4) 保持口腔清洁。
(5) 做好隔离消毒工作。
(每小点 3 分)

21.【参考答案】
(1) 催吐。可用手指、筷子等刺激患儿咽部,引起呕吐。
(2) 洗胃。让患儿吐后喝些温开水,再催吐,反复进行直至吐出物为清水。

(3) 导泻。若儿童中毒 2 小时后精神尚好,可服用泻药,促使有毒物质尽快排出。
(4) 补液。若患儿能饮水,让其多喝些盐水,以补充所丢失的水分和盐分。
(5) 收集。收集残留食物或是呕吐物,以便医生了解毒物性质,尽快送医治疗。
(每小点 3 分)

三、论述题(每小题 20 分)

1.【参考答案】
(1) 社会领域教育目标:(4 分)
① 人际交往:愿意与人交往,能与同伴友好相处,具有自尊、自信、自主的表现,关心尊重他人。
② 社会适应:喜欢并适应群体生活,遵守基本的行为规范,具有初步的归属感。
(2) 实现幼儿社会性发展的主要途径:(4 分)
① 日常生活:如进餐、盥洗、来园和离园等。
② 游戏:如角色游戏、建构游戏等。
(3) 促进幼儿社会性发展的主要方法:(12 分)
① 榜样示范。教师以身作则,让幼儿通过观察和模仿学习社会行为规则。
② 创设充分的交往机会。让幼儿体验交往的乐趣,学习交往的基本规则和技能。
③ 随机教育。教师要在生活、游戏、教学活动中捕捉各种机会,结合实际进行教育。

2.【参考答案】
(1) 具体表现:(10 分)
① 身体扭动不停,易暴怒并做出不可预料的行为。
② 注意力不能集中,经常妨碍其他儿童。
③ 经常撅嘴或生气。
④ 经常坐立不安。
⑤ 容易兴奋或冲动,情绪变化激烈。
⑥ 做事有始无终,容易灰心丧气等。
(2) 教育策略:(10 分)
① 家园配合,协调一致。
② 保持均衡及正常饮食,作息规律。
③ 规则训练,逐步地遵守规则。
④ 关心引导,不直接对抗。

四、材料分析题(每小题 20 分)

1.【参考答案】
(1) 幼儿情绪情感发展的特点:(12 分)
① 易冲动性。
② 不稳定性。
③ 外露性。
(2) 处理方法:(8 分)

① 创设良好的育人环境,培养幼儿良好的情感。
② 充分利用各种活动培养幼儿的情感。
③ 成人的情绪自控。
④ 正确疏导幼儿的不良情绪。如运用转移法、冷却法、消退法等。

2.【参考答案】
(1) 幼儿园把患儿进行隔离,时间为30天,同时还进行医学观察,是恰当的。(6分)

甲型肝炎是儿童常见的急性传染病之一,潜伏期平均为30天。对患儿使用过的玩具、食具进行消毒是正确的,但不够明确。甲型肝炎主要通过消化道传染,与甲肝患者密切接触,共用餐具、茶杯、牙刷等,吃了肝炎病者污染的食品和水都可以进行传染。

(2) 针对甲型肝炎病人,幼儿园还应采取下述预防措施:(14分)
① 切断传播途径:

提倡用流动水洗手,不要用他人用具,搞好个人卫生;非必要时不输血及血制品。输血源要进行筛选。
② 保护易感人群:

注射人体免疫球蛋白,适用于接触甲型肝炎的儿童,注射越早越好;

对接触者要加强保护,注意休息、足够睡眠,饮食要富于营养,易于消化,室内保持空气新鲜,增强机体抵抗力,避免感冒、腹泻等疾病发生;

对现症患者周围的人群密切监视,定期检查甲肝病毒抗体免疫球蛋白及转氨酶,以及早发现患者(包括感染者),及时采取措施;对甲肝患者的餐具采取煮沸消毒,被褥衣物清洗后日光暴晒,室内用20%漂白粉加上清液喷洒清扫或用0.2%—0.5%过氧乙酸雾化消毒,以避免病毒继续传播。

3.【参考答案】
(1) 李老师的行为是正确的。(2分)
(2) 幼儿园生活常规培养的路径主要有:(4分)
①有意识的教育活动;②日常生活中的随机教育和渗透性教育;③生活环境的隐性教育;④家园一致的言传身教。
(3) 李老师就是通过日常生活中的随机事件——纽扣扣错位,进行生活处理能力训练。说明李老师是个尽心尽职的好老师,能抓住生活中的每一个细节对儿童进行教育。(7分)
(4) 李老师还努力引导家长,使其明白幼儿园和家长通力合作的重要性,达到家园一致的言传身教,为孩子营造一个良好的成长环境,更有利于孩子的全面发展。(7分)

4.【参考答案】
(1) 这种说法不完全正确。(4分)
(2) 龋齿的病因是由于残留在牙齿上的食物在口腔内细菌的作用下产生酸,酸会把牙齿腐蚀出龋洞。(6分)
(3) 钙化不良、排列不整齐的牙齿易患龋齿。糖类是人体主要的能量来源,是人体不可缺少的营养物质。不过糖类中的食糖、麦芽糖等宜少食用,因为食糖除了提供热能外,不含其他的营养成分,吃多了可影响食欲,并可导致龋齿的发生。(10分)

5.【参考答案】
(1) 教师的做法不合适,过于简单,对孩子的身心健康不利。(3分)
(2) 幼儿园生活常规要求小朋友午睡"保持安静,不高声讲话或嘻笑喧闹,脚步放轻,进入午睡室"。

丽丽和艳艳的确是违背了一日生活常规。(5分)
(3) 但幼儿园一日生活常规要求教师做到:为儿童创设一个舒适、安静的睡眠环境;重视睡眠的护理工作;细心照顾个别儿童等等。值班教师首先不应该让幼儿在午餐后进行兴奋性较强的活动,让丽丽和艳艳跑来跑去本来就不对,而事后对两位小朋友进行罚站,那就是错上加错。(6分)
(4) 可以从培养孩子的生活常规入手,逐步养成进入睡眠室后,要保持安静,立即上床睡觉,不能在室内随便走动或说话,并要提醒和检查幼儿不把玩具和其他东西带到睡眠室内。此外,可以把两个孩子睡觉的床安排得远一些,多关注两个孩子的举动,多耐心引导。(6分)

四、活动设计题(每小题30分)
【参考答案】
(1) 问题分析:(8分)
① 缺乏良好的洗手习惯。
② 洗手方法不当,洗手能力欠缺。
③ 基本生活常规未形成。
④ 幼儿园的洗手设施设计不合理。
(2) 工作目标:(12分)
① 让幼儿知道生活常规的重要性,人人都要遵守常规。
② 让幼儿了解洗手的重要性,掌握洗手的正确方法。
③ 培养幼儿养成良好的卫生习惯和遵守生活常规的习惯。
(3) 解决方法:(10分)
① 开展一日生活常规教育。
② 运用讲解、示范、操作、比赛等活动对幼儿进行正确洗手的教育。
③ 教师要有良好的洗手习惯和正确的洗手程序,给幼儿做出良好的示范。
④ 与家长沟通,在家与在幼儿园做同样的洗手要求。
⑤ 改造幼儿园洗手设施,使其更合理。

第五章 环境创设

一、选择题(每小题3分)

1—5:CBDDC 6—10:DBDBB 11—15:CCBBD 16—20:ACBDA

21—25:ABBBC 26—28:DBA

二、简答题(每小题15分)

1.【参考答案】
(1) 有利于幼儿适应幼儿园生活。
(2) 有利于幼儿形成良好个性,适应社会生活。
(3) 有利于幼儿园员工的成长与发展。

(每小点5分)

2.【参考答案】
(1) 环境与教育目标一致性原则。
(2) 发展适宜性原则。
(3) 幼儿参与性原则。
(4) 开放性原则。
(5) 经济性原则。
(6) 安全性原则。
(每小点3分,满分为15分)

3.【参考答案】
(1) 保证幼儿的安全与健康。
(2) 满足幼儿身心发展的基本需要。
(3) 适宜幼儿身心发展的水平与特点。
(4) 符合教育目标与要求。
(5) 适宜于社区文化背景与经济发展条件。
(每小点3分)

4.【参考答案】
(1) 教育性原则。
(2) 整体性原则。
(3) 共同发展原则。
(4) 动态性原则。
(缺1点扣4分)

5.【参考答案】
(1) 社区资源包括幼儿园、家庭、社区周边的自然环境、生活设施环境及人文环境等。
(2) 利用社区的地域环境优化幼儿教育。
(3) 利用社区的人口环境优化幼儿教育。
(4) 利用社区的文化环境优化幼儿教育。
(缺1点扣4分)

6.【参考答案】
(1) 按目标投放材料。
(2) 按主题投放材料。
(3) 投放不同层次的材料。
(4) 分期分批投放材料。
(5) 有些材料需随时投放。
(每小点3分)

三、论述题(每小题20分)

1.【参考答案】
从广义上说,幼儿园环境包括与幼儿园共同实施教育作用的家庭、社区等大环境;狭义上的幼儿园

环境,则是指幼儿园内部的物质环境和精神环境,如室内外的物质环境,教师与幼儿人际关系等。(4分)
幼儿园教育中,强调创设良好的幼儿园环境是因为:
(1) 良好的幼儿园环境能促进幼儿身体健康成长。
(2) 良好的幼儿园环境能促进幼儿的认知发展。
(3) 良好的幼儿园环境能促进幼儿社会性的发展。
(4) 良好的幼儿园环境能提高幼儿感受美、欣赏美的能力。
(每小点4分,共16分,均要求展开说明,如未结合实例说明酌情扣1—2分)

2.【参考答案】
(1) 存在的主要问题:(10分)
① 区域设置过多过满,容易影响项目选择并引发纠纷。
② 部分活动区域内容材料更换不及时,影响了孩子的活动积极性。
③ 部分区域提供的活动材料过难,影响了孩子的活动兴趣。
(2) 建议:(10分)
① 将班上的区域进行整合,数量控制在6个左右。
② 及时根据幼儿活动进度和教育内容需要更换调整语言区的图片。
③ 智力活动区内提供的拼图要符合本班大部分孩子的认知程度,避免因过难而影响幼儿操作的成就感。

四、材料分析题(每小题20分)

1.【参考答案】
该墙面环境设计体现了幼儿园环境创设的基本原则。(2分)
① 遵循了环境与教育目标一致的原则(教育性原则)。(4分)
活动的主题是"识字比赛",该教师以"看谁认的多"为标题,环境设计与教育目标相一致。
② 适宜性原则。(4分)
对大班幼儿而言,已经认得一些字,但对复杂的字识认还比较困难,思维还处于形象思维为主的阶段。而且,班里的幼儿存在兴趣、能力、学习方式等方面的差异。一个良好的设计,应该考虑到这些差异。本案例中,教师认识到这种差异,因而用火车的形式给幼儿一种具体形象的感知;涉及的汉字,有抽象的,也有幼儿很熟悉的,有较难的,也有较容易的,充分尊重儿童的差异性与认知特点。
③ 经济性原则。(4分)
给幼儿提供物质条件时,应以物质条件对幼儿发展的功能大小和经济实用性为依据,节钱、省料、实用,根据教育目标需要,就地取材,一物多用。
④ 安全性原则。(4分)
墙面环境基本材料安全无危险。
⑤ 如果该教师能将画面设计得更漂亮些,符合艺术性的原则,相信会有更好的效果。(2分)

2.【参考答案】
(1) 设计的不同之处:(10分)
场景1:属于单纯的器械运动场景设计。这种设计比较成人化,趣味性相对较差。
场景2:属于情境运动场景设计。这种设计比较儿童化,符合幼儿心理,能够激发幼儿的活动意愿,

也相对比较适合幼儿的发展和需要。

(2)我赞同场景2的设计。理由如下：(10分)

① 情境性的环境符合幼儿心理，能激发幼儿的参与兴趣。

② 情境性的环境设计更具生活化，幼儿能够将器械运动游戏化。

③ 情境性的环境设计将知识、能力、兴趣三者有机地结合，使效果最大化。

④ 情境化设计容易使活动内容主题化。如独木桥的练习可以用"小猫喂鱼"的主题，攀爬网的练习可以用"瓢虫种花"的主题等。

⑤ 情境化设计更能促进幼儿的全面发展。如单独攀爬，没有多少幼儿愿意玩，但"瓢虫种花"大家就愿意玩了。而且在这个过程中，幼儿可以得到体能的训练(攀爬)、智能的开发(想象瓢虫种花的情境，对话过程中促进语言的发展、攀爬技能的习得等等)、道德品质的养成(玩的过程中必须遵守规则、需要合作等)，有利于规则意识与合作精神的养成)等。

3.【参考答案】

(1)这样理解这句话：(10分)

① 反映了幼儿园环境创设中的主体性原则。(2分)

主体性原则指幼儿园环境的创设应尊重儿童在环境中的设计、支配、管理的主体地位。儿童参与环境的创设，是环境创设的主人。主体性原则一方面强调儿童在环境创设和使用中的主体地位，另一方面也强调儿童在环境创设中表现出来的自主性、能动性和创造性。

② 教师应该学会如何领导儿童运用大脑和双手来布置环境。(3分)

幼儿园的环境布置往往是按教师的理解、由教师完成，即使幼儿参与也是一种"受动式""小面积"的参与，即儿童参与环境创设一般得经过教师的同意，按教师的意图，甚至是教师说幼儿做。

③ 陈鹤琴先生这段话的基本含义是：改变教师包办代替创设环境的观念和行为，努力使幼儿自主创设物质环境成为幼儿园课程中的一部分；使幼儿能根据活动需要，积极主动地创设学习、生活的环境；使环境趋于幼儿最近发展区，真正成为幼儿所想、所表达、所活动的空间。(3分)

④ 幼儿园环境创设以促进儿童发展为最终目的。(2分)

通过儿童自身的努力，儿童对世界的认识会更深入，创造出来的环境更适宜，而且也更容易培养责任感。

(2)体现为：(10分)

① 尊重儿童在环境创设中的主体性，强调儿童的参与性。(2分)

② 满足儿童的身心发展。(2分)

③ 根据幼儿园中户外场地的类型，即水泥地、花草地和泥土地进行设计。(2分)

④ 场地的设计一定要方便，能让儿童充分地活动起来，有利于儿童开展各种游戏和体育活动。(2分)

⑤ 在设置幼儿园课程时，应该考虑尽可能利用户外条件的资源。(2分)

4.【参考答案】

(1)违背了经济性原则、幼儿参与性原则和发展适宜性原则。(2分)

(2)经济性原则，是指创设幼儿园环境应考虑不同的地区、不同园所的实际情况，做到因地制宜、勤俭办园。贯彻经济性原则具体要做到少花钱多办事。"幼儿园在创设物质环境过程中，购买大量昂贵的成品玩具，追求高档，教师花费大量心血布置了五彩缤纷的墙饰，甚至还买了一些名画进行装饰……"明显违背了这一原则。(6分)

(3)幼儿参与性原则，是指环境的创设过程是幼儿与教师共同合作、共同参与的过程。环境的创设过程应该是一个积极的教育过程。幼儿参与环境的创设，能切实体验到自己做的事对集体的影响，从而培养幼儿的合作精神。"面对这些高档的材料，教师时刻提醒幼儿注意爱护，甚至很多时候不让幼儿使用这些材料，只是有人来参观时，才拿出来让幼儿操作。"这就违背了幼儿参与性原则。(6分)

(4)发展适宜性原则，是指幼儿园环境创设要符合幼儿的年龄特征及身心健康发展的需要，促进每个幼儿全面、和谐地发展。从一般年龄特征来看，小班、中班、大班幼儿在身心发展特点上的差异性是非常明显的，其身心发展所需要的环境也不尽相同。"这种高档的环境一旦布置好之后，整个学期，甚至整个学年基本不会变动。此外，有的幼儿园小、中、大班环境布置得非常雷同，当人置身其中时，如果不看班级标识牌，根本无法判断是小班、中班，还是大班。"这就违背了这一原则。(6分)

五、活动设计题(每小题30分)

1.【参考答案】

一、活动主题(1分)

我爱幼儿园。

二、活动目标(6分)

(1)了解幼儿园的基本情况，知道幼儿园与家的区别。

(2)知道幼儿园的基本生活规则。

(3)养成爱幼儿园、爱老师的情感和适应集体生活的能力。

三、活动准备(5分)

(1)"诗歌：幼儿园像我家"的音频文件。

(2)预先定好参观路线，联系好参观部门。

四、活动过程(16分)

(1)以诗歌引出主题。幼儿听诗歌，引导幼儿说说诗歌里说了什么。

(2)观察和讨论。让全班幼儿讨论幼儿园哪些方面像家，并且通过观察比一比，幼儿园的哪些地方与家里不一样，鼓励幼儿自由发言。

(3)寻找及参观的活动。带领幼儿找一找幼儿园做饭的地方在哪里，找一找睡觉的地方在哪里，跳舞的地方在哪里，做游戏的地方在哪里等。

五、活动延伸(2分)

请幼儿回家和爸爸妈妈讲一讲幼儿园与家有什么不同，并说一说幼儿园里发生的新鲜事。

2.【参考答案】

一、活动主题(1分)

环境保护，人人有责。

二、活动目标(6分)

(1)知道环境与人类生活的关系。

(2)学会观察环境的基本方法。

(3)感知塑料袋、废纸、落叶与环境的关系，愿意捡起它们。

(4)懂得大家都是环境的小卫士，要爱护环境。

三、活动准备(5分)

(1) 选择有落叶、废纸、塑料袋等垃圾的环境。

(2) 人手一只塑料袋。

四、活动过程(16分)

(1) 教师带领幼儿来到事先选好的场地,运用语言、表情诱发幼儿的观察兴趣。"这里美吗?为什么?"教师指着被风吹起的塑料袋问:"那是什么? 塑料袋到处扔好吗? 你有什么感觉? 让我们再看一看地上的纸、树叶,小朋友有什么感觉?"

(2) 我们怎样才能让这里变得干净、美观呢?

引导幼儿讨论出用小手来改善这里的环境。

(3) 幼儿动手拾树叶、废纸和塑料袋。

教师小结:我们的小手真能干,把这里的环境变得真干净。我们还要做到不乱扔纸、塑料袋,使这里的环境一直这么美。

五、活动延伸(2分)

引导幼儿在日常生活中不乱扔废纸、塑料袋等杂物,见到类似杂物要把它们送回垃圾箱。

3.【参考答案】

一、活动主题(1分)

秋天的落叶。

二、活动目标(2分)

(1) 知道常见植物的名称,区分不同植物叶子的明显特征。

(2) 注意观察周围环境的变化。

三、活动重点(2分)

区分不同植物叶子的特征。

四、活动难点(2分)

学习拓印叶子,制作成标本。

五、活动准备(5分)

(1) 请家长和孩子一起收集各种不同形状的叶子。

(2) 为幼儿准备彩色的蜡笔和白纸。

(3) 幼儿已经阅读过《捡落叶》的诗歌。

六、活动过程(16分)

(1) 观察不同形状和颜色的叶子,引起幼儿的兴趣。

出示各种树叶:"你们知道它们是什么植物的叶子吗?"(幼儿交流)幼儿比较各种叶子的不同之处。(知道它们的颜色与形状)

(2) 引导幼儿学习拓印叶子。

教师讲解拓印叶子的方法:"把叶子放在垫板上,上面盖一张白纸,纸用夹子固定。用蜡笔在盖着叶子的纸上来回地涂擦,使叶子的形状显现出来。大家可以用不同颜色的笔来进行拓印。"

幼儿学习拓印叶子,教师随机指导。

(3) 将幼儿拓印的叶子做成标本,挂在教室里展览,共同分享。

七、活动延伸(2分)

将自己的作品讲给同学们听,回家后与爸爸妈妈一起去看看秋天的落叶。

第六章 游戏指导

一、选择题(每小题3分)

1—5:DBACD 6—10:CACDB 11—15:ADDAA 16—20:BCCAB

21—25:BDADC 26—30:CDDCC 31—35:ADBCC 36—42:BCDCCAA

二、简答题(每小题15分)

1.【参考答案】

(1) 主动性。

(2) 自愿性。

(3) 假想性(虚构性)。

(4) 无实用性。

(5) 愉悦性。

(每小点3分)

2.【参考答案】

(1) 游戏满足了幼儿身体发展的需要。

(2) 游戏满足了幼儿智力发展的需要。

(3) 游戏满足了幼儿社会性发展的需要。

(4) 游戏满足了幼儿情感发展的需要。

(每小点4分,满分为15分)

3.【参考答案】

(1) 性别差异。

(2) 年龄差异。

(3) 性格差异。

(4) 体能及健康差异。

(5) 兴趣爱好差异。

(6) 知识经验与能力差异。

(每小点3分,满分为15分)

4.【参考答案】

(1) 小班观察要点:游戏内容是否重复操作、摆弄玩具、主题单一、情节简单。观察目的:规则与独立。

(2) 中班观察要点:游戏主题是否稳定,儿童有没有与别人交往的愿望,是否具备交往的技能,发生纠纷的情节和原因。

观察目的:指导儿童学会并掌握交往技能和规范,促进儿童与同伴的交往,在游戏中解决简单的问题,引导幼儿分享游戏经验。

(3) 大班观察要点:游戏主题能否主动反映生活经验和人际关系,儿童能否合理地按照自己的意愿计划游戏,解决问题的能力是否高。

观察目的:独立性、创造性、社会化程度角色游戏是幼儿期最典型、最有特色的一种游戏。

(每小点5分)

5.【参考答案】

(1)身体发展。

增强幼儿体质,促进幼儿生长;(2分)丰富幼儿的运动经验;(2分)促进幼儿动作与运动能力(平衡、灵敏、力量、耐力等)发展。(2分)

(2)意志品质。

培养幼儿勇敢、顽强、克服困难等方面的品质。(5分)

(3)其他方面。

促进幼儿的人际交往、科学探究、感受自然、解决问题等。(4分)

6.【参考答案】

(1)确保幼儿每天都有充足的自由游戏时间。(3分)

(2)创设良好的、反映幼儿兴趣的游戏环境。(3分)

(3)在非游戏活动中注入游戏的因素。(3分)

(4)利用一日生活的各个环节,开展自选游戏。(3分)

(5)以游戏的方式组织保育教育活动。(3分)

7.【参考答案】

(1)游戏前讲清规则与要求。

(2)事先教会幼儿必要的技能。可以小组教,也可以全班教,有时还可以个别地教。

(3)在幼儿独立开展规则性游戏时,教师应注意观察并帮助幼儿遵守规则。

(4)鼓励幼儿积极参加游戏,激发幼儿对游戏的兴趣。

(5)在教学过程中,根据幼儿的个别差异分别提出不同的要求,使每个幼儿都可以得到最大限度的提高。

(每小点3分)

8.【参考答案】

积木游戏是深受儿童喜爱的一种常见的游戏。积木游戏的形式松散,具有丰富的想象空间,没有固定的形式,可以为幼儿营造轻松、自由的氛围,让幼儿愿意主动参与其中。

(1)可以锻炼幼儿的动手能力和协调能力,促进幼儿的动作发展。

(2)发展幼儿的空间知觉,训练幼儿的观察能力和想象力,促进幼儿认知发展。

(3)积极促进幼儿与他人合作能力的发展,且语言交流能得到提高,利于幼儿社会性的发展。

(4)幼儿能够体会到搭建积木的乐趣,促进幼儿积极情绪的发展。

(5)锻炼幼儿专注力,增强其不怕困难、坚持不懈的个性发展。

(每小点3分)

9.【参考答案】

(1)练习性游戏阶段(0—2岁):游戏发展的第一阶段和最初形式。

(2)象征性游戏阶段(2—7岁):这一阶段的幼儿游戏主要有象征性游戏和结构性游戏两种形式。

(3)规则游戏阶段(7—12岁):在游戏中有了共同遵守的规则。

(每小点5分)

10.【参考答案】

(1)社会性发展的价值。

通过对扮演角色的认识,幼儿可以体会到这些角色的行为特点,认识人与人的交往关系。

(2)情绪发展的价值。

在角色游戏中幼儿可以重现那些愉快和温暖的经历;在角色游戏中幼儿能发泄一些消极情绪;通过角色游戏幼儿可以满足其控制环境的欲望。

(3)认知发展的价值。

通过幼儿不断地扮演、体验各种角色,他们对社会和周围环境事物的认识也大大加强了。

(每小点5分)

三、论述题(每小题20分)

1.【参考答案】

出现这种现象是与教师对游戏的理解和指导不当分不开的。(2分)

(1)游戏的主要特征:

①游戏是愉悦的活动。(2分)

②游戏是幼儿自主的活动。(3分)

③游戏是没有外在目的的活动。(3分)

材料中,虽然游戏"三只蝴蝶"符合无目的性特点,但是幼儿教师忽略了游戏最重要的特点,即自主性。教师按照自己的想法组织了这次教学游戏,使得游戏失去了自主性这一特征。整个过程,幼儿被动地参加游戏,担任某一角色,他们认为是在完成教师布置的任务,从而失去了游戏的积极性,也没有获得愉悦的情绪体验。

(2)游戏的指导:

①正确认识教师在游戏指导中的角色与作用。教师是幼儿游戏的支持者、合作者,不是指挥者、主宰者。材料中幼儿扮演蝴蝶和花朵不是其主动选择的,而是由教师直接指定,教师成为了游戏的指挥者和主宰者,扼杀了幼儿参与游戏的积极性。(5分)

②教师的游戏指导应保证幼儿在游戏中的主角地位,尊重幼儿的兴趣,发挥幼儿的主动性。材料中的游戏是教师自己设计的,没有根据幼儿的意愿和兴趣,以至于游戏还没有结束就有幼儿不想玩了,使得游戏失去了趣味性。(5分)

2.【参考答案】

(1)相同点:二者都属于创造性游戏,以表演角色的活动为满足。(5分)

(2)不同点:(15分)

①内容来源不同。表演游戏一般来自文学作品,角色游戏一般来自生活现实。

②内容情节不同。表演游戏一般反映文艺作品的情节,角色游戏反映日常生活的印象。

③组织方式不同。表演游戏角色、情节、内容等都有规定,不能随意改变,而角色游戏则可以由幼儿自己选择、创造。

④游戏目的不同。表演游戏是演给别人看的,而角色游戏是幼儿自娱自乐的一种游戏活动。即使没有人看,幼儿也会饶有兴趣地进行表演。

⑤游戏材料不同。表演游戏需要特定的服装与妆容,而角色游戏则比较随性。

四、材料分析题（每小题20分）

1.【参考答案】

(1) 材料中老师对洋洋的游戏干预行为不合适。(2分)

(2) 对洋洋游戏方式的分析：(12分，每小点4分)

洋洋用小椅子替代自行车，来实现他"摸特等奖"的情节构思。洋洋开展的游戏是在假想的情景中反映周围生活的，他对游戏假想表现在：

① 对游戏角色的假想。洋洋在游戏中必须凭借想象，把自己想象成抽奖人，将游戏同伴想象成获奖人的角色，同时他也接受游戏伙伴所想象、装扮的角色。

② 对游戏材料的假想。洋洋在运用这些抽奖和获奖的游戏材料时，将椅子想象成自行车，游戏伙伴接受其这一想象，并对椅子施加真实的蹬车动作。

③ 对游戏情景的假想。洋洋和其他同学在游戏时，成功地以物代物，反映了幼儿象征思维的发展，替代物与被替代物越不像，越具有符号抽象的意义，他们通过动作把自己目前的现状想象成生活中真实的抽奖和获奖情景。

对老师干预方式的分析：(6分，每小点3分)

① 教师对洋洋所选择的替代物提出了质疑，认为小椅子不像自行车，试图引导幼儿按真实的样子加以改装，结果却阻碍了幼儿的游戏想象。

② 中断了幼儿原来的游戏情节，使游戏无法进行下去。

2.【参考答案】

(1) 李老师阻止的行为是不合适的。(2分)

游戏是幼儿最喜爱的活动，是幼儿生活的主要内容，其中自主性是游戏最本质的属性，幼儿总是在自己的能力和兴趣的基础上，自己来选择和决定做什么游戏，材料中幼儿按照自己的想法进行游戏玩得不亦乐乎，体现了幼儿游戏自主性的特点。同时幼儿的游戏是现实生活与想象活动相结合的结果，材料中幼儿将玩具吹风机当"手枪"、仿真型灯箱当"大炮"都体现了幼儿在角色游戏中对于游戏材料的假想。(5分)

教师对于幼儿游戏的介入与指导应在观察的基础上把握好介入时机、角色定位及方式方法方面，充分保护幼儿游戏的特点。题干中李老师能及时发现幼儿游戏过程中出现的情况是值得肯定的，但是选择在幼儿快乐地玩耍时进行介入，打断幼儿游戏，选择的时机不恰当，同时选择了以现实代言人的身份进行指导，容易影响幼儿在游戏过程中的想象，丧失游戏的兴趣，因此是不恰当的。(5分)

(2) 教师在幼儿游戏时应合理支持和指导游戏的开展，如果是我遇到这样的情况，具体我会这样做：(8分)

首先我会在保证幼儿安全的前提下给予幼儿充分利用材料进行想象的空间，鼓励幼儿的创造性。

其次为幼儿提供符合"打仗"这一主题的其他材料，推进幼儿游戏的进程；在游戏过程中时刻关注幼儿游戏进程，巧妙提出合理化建议，共同探索游戏奥秘。

最后在游戏结束之后也会利用时间多提供丰富的可转换的材料投放在班级内的活动区，引导幼儿利用材料一物多玩，吸引幼儿探索兴趣，促进幼儿游戏中创造性和想象力的提升。

3.【参考答案】

(1) 将教育与生活实际联系起来。(5分)

幼儿教育不应是为了完成教学目标，而是要分析幼儿特点、结合幼儿实际再进行。案例中的刘老师在发现"理发店"这一游戏不受大家喜欢之后，就带领幼儿去理发店参观。这样，不仅可以激发幼儿的兴趣，调动幼儿的积极性，而且可以积累他们的生活经验。

(2) 指导幼儿进行观察，发现问题。(5分)

观察是一项重要的技能，幼儿的观察常常是零散的、漫无目的的，然而刘老师却设置了几方面的观察目标，让幼儿对此一一进行观察。这样可以训练幼儿观察的系统性和细致性，从而发现他们感兴趣的问题。

(3) 展开讨论，共同解决问题。(5分)

讨论能够充分发挥幼儿的想象力，激发智慧的火花。刘老师并没有停留在幼儿的观察层面，而是组织幼儿进行讨论，将他们的观察汇总起来。并通过引导和启发，让他们自己想出解决问题的方法，这比教师直接地"告诉"更能加深幼儿的记忆，增强幼儿的主动性，提高幼儿的思维能力。

(4) 动手操作，使知识转化为技能。(5分)

教师提议用身边的材料来搭建躺椅，自己画发型图等。这种操作过程不仅使幼儿掌握必要的技能，而且能增加对知识的理解，以及提高对学习的兴趣。

4.【参考答案】

(1) 角色游戏的概念与功能：(4分)

角色游戏是幼儿通过扮演角色，运用想象，创造性地反映个人生活印象的一种游戏，通常都有一定的主题。

角色游戏一般具有创造性、过程性、变化性等特点。角色游戏的价值在于通过角色游戏让幼儿明白人与人之间的交往关系，生活的基本规则，学习劳动者的品质和得到相应的情感体验。

(2) 分析与评价：(8分)

① 上述大二班的主题设计是比较好的，但是指定价目表不是太合理。

② 幼儿园角色游戏具有创作性、过程性和变化性。大班的角色游戏的特点是游戏主题新颖，内容丰富，能主动反映多种生活经验和较为复杂的人际关系；大班幼儿处于合作游戏阶段，喜欢与同伴一起游戏，能按自己的愿望主动选择并有计划地游戏，在游戏中自己解决问题的能力增强。理发主题的设计符合上述特点，能让幼儿得到相应的体验。

③ 但活动设计中的有些内容与幼儿的年龄特点不相符合，如美容区部分都不太适合；设计价格表本身是让幼儿有一定的生活认知，使幼儿明白不同的服务有不同的价值，所以有不同的价格。但该主题的本身不是价格，而是幼儿人际关系的处理及相应的情感体验，如对劳动、服务的态度等。老师事先设计好价目表有些本末倒置，而且也忽视了幼儿的主动性。

(3) 建议：(8分)

① 坚持儿童为本。

让儿童自主参与活动。教师可以根据儿童游戏的特点，引导儿童一起结合自己的经验商定在理发店内的不同服务内容及其价目，培养幼儿自己解决问题的能力。

② 注意内容的选择。

一些不适合幼儿的内容可以删除，如美容区的内容。

③ 注意活动目标。

追求角色游戏本身的价值，而不能过多地关注利益的追求，所以价目表不一定列出。如果一定要有，那么该由幼儿们自己协调决定。

5.【参考答案】

这些中国父母的做法是不科学的。(2分)

(1) 游戏对幼儿认知发展的作用。游戏可以丰富并巩固幼儿知识,促进幼儿智力、语言的发展。(5分)

(2) 游戏对幼儿社会性发展的作用。幼儿在游戏中既有现实伙伴间的交往,也有角色间的交往,幼儿在这些交往过程中,得以发展社会性。(5分)

(3) 游戏对幼儿情感发展的作用。由于幼儿在游戏中总是伴随着愉悦的情感体验,在这种没有压力、轻松、安全的情感下活动,容易获得成功,这就有利于发展幼儿的成就感和自信心。同时,这种游戏有利于培养幼儿关心、同情他人的需要等等。(4分)

(4) 游戏对幼儿身体发展的作用。幼儿游戏可以保障幼儿身体的生长发育,促进身体的发展。(4分)

第七章　教育活动指导

一、选择题(每小题3分)

1—5：CDACA　6—10：CBABB　11—15：BADBC　16—20：DCDBD　21—26：BBDBDC

二、简答题(每小题15分)

1.【参考答案】

(1) 教师要有安全意识,掌握必需的安全技能。

(2) 在开展活动前,认真检查,保证活动场地、设备、器具的安全。

(3) 在活动时,交待活动规则,引导幼儿遵守规则,安全地玩。

(4) 注意调节幼儿运动负荷,教师要四处巡回检查,及时纠正幼儿危险动作,发现问题及时给予指导和帮助。

(5) 活动结束,注意安全知识和技能的总结,增强幼儿自我保护意识和技能。

(每小点3分)

2.【参考答案】

(1) 通过开展教育活动进行健康教育:

① 专门健康教育活动。

② 与其他领域的渗透与融合。

(2) 渗透在日常生活中的健康教育:

① 借助一日生活环节进行教育。

② 创设健康的环境。

(3) 家园联合开展健康教育:

① 注重良好生活习惯的培养。

② 分设健康、适宜的环境。

③ 发挥成人的榜样示范作用。

(每小点5分)

3.【参考答案】

(1) 优势(利):(5分)

① 一种经济、公平、高效的教学组织形式。

② 对幼儿学习和发展的引领性强、系统性强。

③ 能形成学习共同体,培养集体感等。

(2) 缺陷(弊):(10分)

① 容易导致教师关注全班幼儿的平均水平,而忽视了个体差异。

② 功能定位不准确,与日常生活和游戏的关系及联系不清楚。

③ 教育目标定位不清,核心价值难以体现。

④ 幼儿在各领域发展的年龄特征、学习特点与实际发展水平把握不准,教学目标或高或低,比较空泛,而且重知识技能类目标,轻情感态度类目标。

⑤ 教学内容的"含金量"不大,难易程度不适当。

⑥ 教学过程缺乏有效的师生互动,幼儿多处于被动学习状态。

⑦ 教学方法单一,与幼儿学习特点不符,或者虽花样翻新,但华而不实,不能有效地促进学习等。这些缺陷需要其他教学组织形式加以弥补。

4.【参考答案】

(1) 主体性原则。

(2) 科学性原则。

(3) 发展性原则。

(4) 活动性原则。

(5) 趣味性原则。

(每小点3分)

5.【参考答案】

(1) 反思目标。反思三个问题:①目标是如何制定的;②活动目标的表述;③活动目标达成度。(5分)

(2) 反思策略。主要反思三大问题:①活动内容选择是否恰当;②教学方法、组织形式与教学手段运用是否得当;③活动中指导策略是否适宜有效。(5分)

(3) 反思效果。包括:成功活动的反思、尚有不足的活动的反思。(5分)

6.【参考答案】

(1) 各活动区的使用频率,了解目前设置是否符合幼儿的兴趣和需要。

(2) 了解材料的数量和难易程度,以及调整的方法,规则的调整等。

(3) 儿童对活动材料的喜好。

(4) 活动参与情况。

(5) 社会交往水平与认知发展水平。

(6) 规则遵守情况。

(每点3分,满分为15分)

7.【参考答案】

(1) 培养幼儿健康的心理。

(2) 促进社会性发展。

(3) 和谐亲子关系。

(4) 更新父母的教育观念。
(5) 搭建家园共育平台。
(每点3分)

8.【参考答案】
(1) 活动开始前,创设安全的生活环境,提供必要的保护措施。(3分)
(2) 活动开展前以及进行中,教师要时刻对幼儿强调安全事项,强化幼儿的户外体育活动常规意识,提高幼儿的安全和自我保护意识。另把幼儿遵守常规的情况放在活动后的小结中,让幼儿知道遵守常规的重要性。(4分)
(3) 活动中教师及相关人员随时巡查和提醒幼儿,并适时给予幼儿安全保护,以免出现不安全因素。(4分)
(4) 制定详细的安全预案,遇到紧急情况,立即启动安全预案。(4分)

9.【参考答案】
(1) 活动要紧扣节日的性质与主题。
(2) 组织的节日活动形式多样、内容丰富。
(3) 注重幼儿的全过程参与。
(4) 将节日活动的精神渗透、延伸到平常的保教活动与一日生活中。
(5) 让幼儿初步了解节日的来源、象征意义等有关常识。
(每小点3分)

三、材料分析题(每小题20分)

1.【参考答案】
(1) 幼儿园科学教育要求:(2分)
① 教育内容要贴近幼儿的实际生活。
② 教育过程要能够引导幼儿主动探究。
③ 教育活动的结果要能够使幼儿获得广泛的科学经验。
(2) 分析与评价:(18分)
① 该教师注意为幼儿提供操作材料——线路板,并要求他们按照老师设置的程序去操作。这存在两个问题:一是线路板是需要了解的,但似乎与幼儿的生活经验较远;二是程序是老师规定的,幼儿只要照做就行,不利于幼儿探索精神的养成。
② 幼儿的生活中充满了各种使用电池的玩具、文具、生活用品,如电子游戏机、电动玩具、闹钟、手电筒等,如果幼儿只学会熟练单一地操作实验中的线路板,对他们来说并没有什么意义。
③ 参考做法:教师可以为幼儿提供一系列常见的生活用品,让他们通过探索、尝试,在反复的拆装中学会正确地给不同物品安装不同的电池。这样,幼儿不仅可以获得操作成功后愉悦的情绪体验,产生学习科学技术的兴趣,而且对于现代科技与人们生活的关系也将理解得更深。

2.【参考答案】
(1) 老师的做法不对。(2分)
(2) 教师对幼儿的活动负有组织与指导的责任。要根据活动的开展情况适时介入儿童活动。(6分)

(3) 明明小朋友所进行的只是简单地摆弄,并没有认真地思索,像这样的情况教师就应该及时介入进行指导。(6分)
(4) 教师是要保护幼儿的主体性与自主性,但并不意味着可以放任不管。教育活动充分提供给幼儿自主探索学习的机会,也提供给幼儿实践的机会。幼儿的能力存在着较大的差异,教师应该对不同能力的幼儿进行个别指导。(6分)

3.【参考答案】
(1) B老师的做法相对较好。(2分)
(2) 因为:
① 符合幼儿心理活动特点。(6分)
幼儿具有形象思维的特点,所以A老师的图片展示与讲解,与B老师的现场参观比较,B老师的设计更加直观形象,更符合幼儿的心理特征。
② 符合适切性与兴趣性原则。(6分)
B老师的设计,可以让幼儿在现场进行观察活动,而且要自己动手,因而更适合幼儿园,也能增加幼儿的兴趣。
③ 以幼儿为主体。(6分)
B老师的设计体现了以幼儿为活动主体的思想,让幼儿自己去观察、记录,然后自己亲身体验蔬菜的特征。

4.【参考答案】
(1) 引导幼儿与环境的积极互动。(4分)
材料中美工区的这个墙面环境设计通过墙面折纸图,给幼儿营造了一个和谐的班级氛围,让幼儿积极参与到环境中,并在环境中进行观察、学习、思考,同时根据自己的需要来布置环境,通过自己的创造力来改变教室环境。
(2) 有利于激发幼儿的学习兴趣与自主学习能力。(6分)
幼儿是环境创设的旁观者和享用者,更是环境创设的积极参与者和互动者。在环境创设的过程中,幼儿可以根据自己的需要参与设计构思、材料搜集、动手制作和布置的全过程,其积极性、主动性、创造性可以得到最大限度的释放,激发自己的主人翁意识。
(3) 发展幼儿的观察、思维、操作和创造力。(6分)
材料中美工区的这个墙面环境设计对幼儿学习具有积极的促进作用,它作为幼儿发展的一种刺激条件,可以有目的地塑造幼儿的动手操作能力,折纸图给幼儿展示了折纸的方法,让幼儿在观察中进行学习,发展了幼儿的动手能力。同时进一步激发幼儿的想象力和创造力,让幼儿思考折纸还能折出什么动物,幼儿可以通过自己的创造力来改变教室环境。
(4) 让幼儿的作品为他们自己的游戏服务。(4分)
材料中幼儿在做完折纸以后,可将自己制作的折纸套在手指上,和其他小朋友一起做游戏,在游戏中幼儿的情绪是快乐的,幼儿可以在游戏过程中掌握社会规范,正确处理与小朋友的关系,间接地掌握人际交往的技巧,从而促进幼儿社会性发展。

5.【参考答案】
(1) 角色游戏的特点与指导原则:(5分)
特点:角色游戏具有印象性、表征性、假想性、扮演性、自主性、社会性等特点。

指导原则:游戏性优先原则、主体性原则、年龄适宜性原则、开放性原则、情感积极性原则、全面参与性原则、无奖励原则、科学与想象整合原则、创造性原则等。

(2)具体分析如下:

上述活动符合游戏的基本特点,也大致遵守了游戏组织的基本原则。但在主体性原则、开放性原则、创造性原则方面还有待改进。

①主体性原则,要求以幼儿为主体,充分发挥幼儿游戏的主动性、自由性、创造性、差异性、独立性,使学前儿童成为游戏的主人。为此,应该给学前儿童自主选择游戏内容、材料、玩伴、方法等的权利;给其自由探索和尝试错误的机会;尊重每一个学前儿童的兴趣和游戏方式;学前儿童参与游戏必须基于自愿。本案例中游戏内容与玩法,包括语言的使用,老师都做了明确的规范,幼儿失去了游戏的基本权利。(4分)

②开放性原则,是指游戏中教师的指导不要拘泥于固定的、既定的游戏计划和实施程序,而必须是开放的,根据学前儿童的兴趣和需要进行灵活的调整。案例中的老师要求幼儿完全根据老师的安排进行游戏,而且不停地提醒,结果使得许多幼儿只玩自己喜欢的玩具,而忽视了其他同学的表演。(4分)

③创造性原则,是指游戏的指导过程中,要保护、维持和激发学前儿童的创造性,而不要压制甚至扼杀其创造性。因而应该引导并鼓励学前儿童对同一种材料想出多种玩法;创造新颖丰富的游戏内容和情节;用不一样的表情、动作等创造性地表现作品人物。但案例中的老师规定太多,指导过度。既引不起幼儿的兴趣,又扼杀了幼儿的创造力。(4分)

(3)该教师在游戏前为儿童准备丰富、可塑的玩具和游戏材料,提供充足的游戏时间,这是值得肯定的。如果能使角色游戏真正成为幼儿自己"想要玩的"和"喜欢玩的"游戏,而不是"教师要他们玩的游戏",那么效果会更好。(3分)

四、活动设计题(每小题30分)

1.【参考答案】

一、活动名称(1分)

把玩具送回家。

二、活动目标(6分)

(1)儿童能认识玩具、用品的图标及它们所代表的各种物品,能按图标将物品(玩具)分别进行归类,体验物体的共同属性。

(2)学会收拾整理玩具,知道玩具玩过了要收拾到指定的位置。

(3)通过收拾玩具,养成良好的行为习惯。

三、活动准备(5分)

(1)将班级的各种玩具、用品按类有序摆放到玩具橱和用品橱内,并按其种类设计玩具橱图标。

(2)设计各种玩具、用品的图标每种一张,胶棒若干。

四、活动过程(16分)

(1)参观班级的玩具橱。

带领幼儿逐一参观班级的玩具橱,向幼儿介绍各种玩具橱的名称,让幼儿仔细观察玩具橱里有哪些玩具,对幼儿叫不出名字的玩具,教师可与幼儿一起讨论给玩具起名字。

(2)认识玩具图标。

出示各种玩具图标,请幼儿猜猜每个图标代表的是什么玩具,猜对了就请一个幼儿将该图标贴到存放该玩具的那一层(或格子)中,并告诉幼儿:这里就是该玩具的"家"。还可以提问:这种玩具的旁边(或上面)是什么玩具的家?这种玩具的家在哪个玩具橱?

(3)建立玩具收放常规。

告诉幼儿可以到玩具橱中选择自己喜欢玩的玩具到指定地点玩,但玩过后必须把玩具送回原来的地方。

(4)让幼儿自选玩具开展游戏活动,游戏结束时请幼儿把玩具分别送回家。教师组织幼儿集体检查各种玩具用品是否放到了规定的地方。

五、活动延伸(2分)

(1)平时让小朋友将玩具放到相应的位置。

(2)在家里自己收拾玩具,并将其放在指定位置。

2.【参考答案】

一、活动名称(1分)

小动物与生气虫。

二、活动目标(6分)

(1)尝试用表演的方式表达对故事的理解。

(2)乐意为小动物动脑筋想办法,语言表达清楚完整。

(3)知道生气不利于身心健康。

三、活动准备(5分)

课件、小动物头饰(小猪、小猫、小兔、小狗)、自制录音(小动物的笑声与生气虫的独白)、"生气蛋糕"一个。

四、活动过程(16分)

(1)利用音频,激趣导入。

教师引导语:小朋友,你们听……(播放音频:小动物的笑声与生气虫的独白)谁在笑呢?他们之间发生了一件什么事呢?我们一起来听个故事吧!

(2)观察课件,理解故事。

①观察一:

教师提问:谁在草地上高兴地玩?他们的歌声、笑声传到了谁的耳朵里?生气虫非常爱生气,看到小动物们这么开心,心里很嫉妒。

教师提问:生气虫会想什么鬼主意让小动物们生气呢?(请小朋友们猜一猜)

教师过渡语:真有那么多令人生气的事情吗?让我们来看看谁上了生气虫的当。

②观察二:

教师提问:谁上了生气虫的当?生气虫想了什么鬼主意让小猪上当?

教师小结语:生气虫用生气面粉做了个生气蛋糕,他想让小动物们也整天生气,真是个可恶的家伙。(出示"生气蛋糕",引导幼儿表演)

教师引导语:瞧,这就是那个香喷喷的生气蛋糕,我们来表演下。(集体与个别结合)

第一,教师以旁白的形式指导幼儿的表演。

第二,引导幼儿想象并表达角色的语言。

第三,引导幼儿想象并表演角色的动作与表情。

教师提问：吃了生气蛋糕的小猪会怎么样？（启发幼儿联系生活经验，说说生气的样子，教师可适当丰富幼儿语言，如"火冒三丈""暴跳如雷""气鼓鼓地""气得涨红了脸""气得吹胡子瞪眼睛"等）

③ 观察三：

教师提问：吃了生气蛋糕的小猪变成了什么？小猪吃了生气蛋糕竟然成为了生气猪，瞧他的肚子气鼓鼓的，越气越大，像一只球似的飞上了天。小伙伴是怎样救他的？成功了吗？结果呢？小动物们在天上会喊什么呀？（救命）

教师提问：这下可怎么办呢？赶紧想个办法救救可怜的小动物们吧。（幼儿讨论后教师小结并肯定幼儿的想法）

教师过渡语：小动物们听了你们的主意，自己也有了好办法。

④ 观察四：

教师提问：瞧，他们想出了什么好办法？（唱歌）

教师小结：小动物的办法真灵，小猪一高兴，肚子里的气就慢慢消了。大家回到了草地上快乐地游戏，这可把生气虫气坏了，他"嗖"地一声飞上了天，再也下不来了。

(3) 完整倾听故事。

教师引导语：谁给这个故事起个好听的名字？（可选幼儿的题目）让我们完整地听听这个故事。

五、活动延伸(2分)

(1) 在我们平时的生活中如果遇到了一些生气的事情，你会怎么办呢？（启发幼儿联系经验，师生共同谈谈生活体验）

(2) 我们回到教室把这个故事完整地表演出来吧！

3.【参考答案】

一、活动名称(1分)

我是防火小能手(大班)。

二、活动目标(6分)

(1) 形成一定的安全意识和自我保护能力。

(2) 认识消防电话119，知道基本的安全防火知识。

(3) 学习自救的方法，体验逃生的过程。

三、活动准备(5分)

关于安全防火教育的彩色挂图一组（厨房、放鞭炮、灭火器等场景）。

四、活动过程(16分)

(一) 出示豆豆放烟花挂图，激发幼儿的兴趣，导出活动主题。

(1) 教师通过语言引导，并播放挂图。

教师：过年的时候有一个叫"豆豆"的小朋友看到天空中漂亮的烟花爆竹，他也想放烟花爆竹，你们猜猜豆豆这样放烟花爆竹会发生什么？

(2) 观看完后让幼儿回答。根据回答进行小结。

教师：你看豆豆这样做多危险啊，不小心就会点燃整间屋子，小朋友可不能像顽皮的豆豆那样。在放烟花的时候一定不能在室内进行，也一定不能对着自己、别人或易燃物品。

(二) 组织幼儿讨论火灾产生的原因及预防火灾的方法。

(1) 幼儿简单讨论可能导致火灾的原因，教师总结。

在生活中还有很多原因可能导致火灾，如小孩玩火、乱丢烟头、在禁燃区燃放烟花、用明火照明寻找物品、地震、雷电天气、乱拉乱接电线等。

(2) 引导幼儿说出预防火灾的方法。

① 预防火灾，小朋友们不能随便玩火。

② 蚊香不能靠近容易着火的物品。

③ 不能随便燃放烟花爆竹。

④ 小朋友不能玩未熄灭的烟头，见了没熄灭的烟头应及时踩灭。

(三) 组织幼儿讨论应对火灾的方法

(1) 让幼儿初步掌握集中自救逃生的方法与技能。

教师：如果发生火灾，我们应该怎么样做才能保护自己？

① 室外着火门已发烫，千万不要开门，并用毛巾、衣服或床单塞住门缝，以防浓烟跑进来；如果门不热也没看到火苗，则赶快离开。

② 遇到火灾不可乘坐电梯，要向安全出口方向逃生。

③ 如果有灭火器，可以使用灭火器进行简单的灭火。

④ 在火灾时，要用湿毛巾捂住口鼻，进行撤离。

⑤ 遇到火灾要报警，报警电话119。

(2) 进行"安全防火自救"的游戏，培养幼儿遇火不惧怕、不慌张，提高幼儿防火自救的能力。

① 教师发出火警信号：

教师：小朋友可真厉害，个个都是防火小能手，长大一定能当消防员。咦！听，什么声音？呀，不好了，火警警报响起来了，肯定发生火灾了，小朋友们我们一定要安全逃离。

② 组织幼儿安全撤离：

提示幼儿逃生的时候要保持镇静，辨明方向、用湿毛巾捂住口鼻，尽量低姿爬行，沿疏散标志指示方向逃生，不要乘坐普通电梯。

学习防火小儿歌，幼儿拍手唱诵。

小朋友，不玩火，不让父母吃苦果。

不乱动用火和电，自我保护是关键。

火警电话119，发生火灾不乱走。

心不慌，意不乱，按照顺序慢疏散。

湿毛巾，捂鼻口，身体前屈头邻地。

防火逃生要记清，老师家长都安心。

(四) 请幼儿分享感受，在分享中结束活动

五、活动延伸(2分)

回到家与爸爸妈妈分享防火小常识，和爸爸妈妈一起排除家里火灾的安全隐患。

4.【参考答案】

一、活动名称(1分)

滑滑乐(大班)。

二、活动目标(6分)

(1) 学习踩在拼板上平稳滑行，锻炼身体的平衡与协调能力。

(2) 能坚持滑行一段距离。

(3) 在滑行中能避让同伴,尝试与同伴合作运动。

三、活动准备(5分)

(1) 活动前,老师观察记录幼儿玩泡沫拼板的情况,了解幼儿自主探索的多样性玩法,分析幼儿的动作发展、兴趣点、难点。

(2) 每人两块 30cm×30cm 的泡沫拼板,欢快的音乐与放松的音乐,音响设备等。

(3) 宽敞、平滑的运动场地。

(4) 检查幼儿的服装、鞋子是否适宜运动,是否穿好。

四、活动过程(16分)

(1) 热身运动。

(2) 分享玩法,尝试利用滑板自主滑行。

① 分享幼儿有兴趣的拼板玩法。

根据活动前对幼儿玩泡沫拼板的兴趣与经验的分析,邀请利用拼板玩滑行游戏的幼儿分享展示玩法。

② 幼儿尝试利用拼板,探索自主滑行。

(3) 教师带领幼儿集体进行滑行训练。

针对幼儿游戏中的兴趣点与动作发展水平,选择适宜的方式,引导幼儿运用不同的方式进行滑行训练。如变换滑行动作、观摩同伴滑行、滑行比赛、小组合作等。

这个过程中,教师要注意关注幼儿运动量、运动节奏,照顾体弱幼儿。

(4) 放松活动。

针对运动的部位,有目的地进行放松。

五、活动延伸(2分)

(1) 鼓励幼儿在户外游戏和家中继续开展滑行活动。

(2) 定期组织幼儿展示分享流畅的滑行动作与新的玩法。

5.【参考答案】

一、活动名称(1分)

吹泡泡(大班科学活动)。

二、活动目标(6分)

(1) 了解吹泡泡与工具之间的逻辑关系,知道有洞、有缝隙的工具都能吹出圆圆的泡泡。

(2) 能用不同的材料制作吹泡泡器,学会用语言表达操作结果。

(3) 萌发积极探索科学活动的兴趣,体验成功的乐趣。

三、活动准备(5分)

材料准备:各类带孔的塑料玩具、吸管、漏勺、梳子、牙刷、硬卡纸、树叶、苍蝇拍。

经验准备:幼儿玩过吹泡泡的游戏。

四、活动过程(16分)

(1) 活动导入。

① 听《吹泡泡》音乐进入活动室,激发学习兴趣。

② 教师组织谈话,引出吹泡器,调动幼儿已有经验。

(2) 活动展开。

① 教师展示各种吹泡泡工具,鼓励幼儿大胆猜测。

② 幼儿集体动手操作,教师及时给予支持与帮助。

(教师说明操作要求,四人一组选择吹泡泡工具尝试吹泡泡。分组展示记录结果,并进行验证记录。幼儿讲述操作结果,教师与幼儿共同总结)

③ 创设自由探索的空间,掌握吹泡泡的基本技能。

④ 幼儿动手自己制作吹泡泡器。

第一,教师出示苍蝇拍、漏勺、梳子、牙刷、树叶等材料,幼儿根据自己的需要来选择制作的材料,通过自己的实验了解制作吹泡泡器的方法。

第二,引导幼儿将学会的经验加以运用,把这些不能吹出泡泡的东西变成能吹出泡泡的吹泡泡器。

第三,教师最后出示细铁丝,让幼儿用扭、绕、团、折等多种方法来制作工具,感知材料不同与泡泡的变化关系。

第四,在借鉴别人经验的基础上,选择一种自己最喜欢的方法来改变铁丝的形状。

(3) 活动结束。

① 教师和幼儿玩"吹泡泡"游戏。

教师与幼儿手拉手围成一个圆圈,随《吹泡泡》音乐转圈,使大泡泡变成若干小泡泡、小泡泡又合成大泡泡,在游戏中感受科学活动的乐趣。

② 总结,自然结束活动。

师:今天我们尝试用各种工具吹泡泡,吹出了好多的泡泡。老师决定给每一个小朋友颁发"小小科学家"的奖章,请你们用聪明的小脑袋继续在生活中探索那些神奇的科学现象吧!

五、活动延伸(2分)

将幼儿带到科学角,尝试制作泡泡水。通过操作获得相关的科学知识经验,培养幼儿良好的操作习惯和科学探索能力。

6.【参考答案】

一、活动名称(1分)

美丽的花朵(大班主题活动)。

二、活动目标(6分)

(1) 感知常见花朵的名称、外形特征,了解不同种类花朵的生长特点。

(2) 通过观察、探索、动手操作的方式来探究花朵的秘密。

(3) 学习花朵的绘画方法,能够为自己喜欢的花朵进行涂色。

(4) 大胆表达对花儿的喜爱,萌发热爱大自然的情感。

三、活动准备(5分)

物质准备:牵牛花、桃花、迎春花、郁金香画及图片若干,要求有不同的颜色、形状、香味。

经验准备:对常见花朵有简单的认识。

四、活动过程(16分)

(1) 活动导入。

出示不同的花朵,让幼儿观察。

(要求引导幼儿从花的颜色、形状、花瓣、香味等角度进行观察)

(2)活动过程。

①说一说：说出各种花的名字、颜色和特点等。

（如迎春花：黄色的，花朵像喇叭，是春天最早开放的花朵。它向人们报告春天的到来，所以叫它"迎春花"等）

②讨论与操作：请幼儿交流讨论，幼儿动手操作，探索花儿的秘密。

③分组探究：教师将幼儿两人分为一组，给幼儿分发准备好的花朵和记录表格，向幼儿提出要求，观察每一朵花有几瓣花瓣，哪种花朵有香味，哪一种没有。

（幼儿合作观察花朵，记录观察结果，教师巡回指导。幼儿分享观察结果，教师总结）

④游戏：教师和幼儿玩"花儿找家"游戏。请幼儿帮助每一种花儿找到自己的家。

五、活动延伸(2分)

将幼儿带到美工区，尝试制作花朵的标本。

7.【参考答案】

活动一：躲雪球(大班)

一、活动目标

(1)在"躲雪球"的游戏中发展幼儿的腿部力量。

(2)通过分组竞赛培养幼儿的团队合作意识。

二、活动准备

(1)每名幼儿两个大皮鞋盒(不需要盒盖)，供幼儿踩在脚底当成"雪橇"。

(2)大小适宜的纸团当"雪球"。

三、活动环节

(1)热身运动，听指令滑"雪橇"。

(2)教师向幼儿的"雪橇"里扔"雪球"，幼儿躲闪滑，不让教师扔进"雪球"。

(3)分组竞赛，看哪组"雪橇"中被扔进的"雪球"少，哪组为赢。教师组织幼儿讨论，如何竞赛才能获胜。

(4)放松活动。

活动二：凑数(大班)

一、活动目标

(1)根据提示来凑数，复习10以内数的组成。

(2)学习规则游戏，乐意遵守游戏规则。

二、活动准备

(1)为每名幼儿提供一个大小适宜的盒子。

(2)5—10的数字提示卡片(供教师使用)。

(3)记录各种数组成的记录板。

三、活动环节

(1)幼儿每人选择一个盒子，在盒子的三面分别画上1—3个圆圈(或数字)，教师讲解游戏规则。

(2)凑数游戏。幼儿根据教师提示的数字卡片，和同伴一起完成凑数游戏，谁能作伴，且凑数正确，谁就获胜。每次游戏结束教师和幼儿一起记录不同的组成方式，幼儿发现组成的多样性。

(3)延伸活动，引发活动后的个体活动。

活动三：看谁装得多(大班)

一、活动目标

(1)在"装盒"活动中感知盒子排列的顺序以及盒子间的空间组合。

(2)能在活动中大胆尝试，并乐意在交流中表达自己的发现。

二、活动准备

(1)前期经验准备：教师在地面上提供一个平面的几何图形，引发幼儿将各种形状、各种大小的盒子放入图形中，看谁能放满。

(2)每人准备一个大小相同的纸板箱，大小不同的纸盒若干。

(3)前期幼儿收纳整理好的纸盒照片。

三、活动环节

(1)回忆生活中整理盒子的经验。

(2)装盒活动。每人一个一模一样的纸板箱，看谁的纸板箱里能装入的纸盒数量最多，活动过程中，教师观察幼儿不同的操作方式与经验。

(3)分享与讨论，总结装盒的方法。

(4)再次探究装盒，比较前后两次的装盒结果，并鼓励幼儿学一学，用一用别人的好方法。

[每个活动10分，要求写明活动名称(1分)、活动目标(3分)、活动准备(2分)、活动环节(4分)等内容]

8.【参考答案】

一、活动名称(1分)

和水宝宝一起玩。

二、活动目标(6分)

(1)引导幼儿体验玩水的乐趣。

(2)激发幼儿的合作和创新意识，培养幼儿解决问题的能力。

(3)鼓励幼儿运用各种感官感知水的特征。

三、活动准备(5分)

(1)心理准备：幼儿在以前的玩水过程中初步了解了水的特征。

(2)材料准备：水盆、水桶、杯子、空矿泉水瓶、海绵、注射器、塑料袋、抹布等。

四、活动过程(16分)

(1)谈话活动，交流不同信息，教师梳理归纳。

老师请来了小朋友们非常喜欢的好朋友(水宝宝)，出示一盆水，通过观察和感知，鼓励幼儿说水的特性。

教师和幼儿一起总结水的特性：无色、无味。

(2)玩水活动。

水宝宝在盆里玩累了，很想到那边的水桶里去玩一玩，可是他们自己去不了，小朋友能不能帮助水宝宝呢？请小朋友说一说可以用哪些方法和工具帮助水宝宝，然后尝试用这些方法和工具与水宝宝玩一会儿。

(3)帮水宝宝搬家：采用分组比赛形式，教师巡回指导。

①将幼儿分成两队进行比赛，看哪组小朋友最先把水宝宝运到水桶里，哪组小朋友用到的方法最多。

② 介绍比赛规则：水盆和水桶不能离开原地；把所有水宝宝都运到水桶里，不能落到半路；记住自己所用的工具和方法。

(4) 小朋友向评委老师介绍自己队所用的工具和方法，评委老师帮助记录，教师与幼儿一起进行归纳总结。

五、活动延伸(2分)

给幼儿园里的花浇水；回家后给家里的花浇水。

9. 【参考答案】

一、活动名称(1分)

野猫的城市。

二、活动目标(6分)

(1) 在活动中理解作品内容，把握"野猫"的形象特点，提高判断能力。

(2) 能通过绘画、插图和语言的方法介绍自己眼中的城市。

(3) 能够续编故事。

三、活动准备(5分)

(1) 表现童话内容的图片。

(2) 绘画纸、彩笔、橡皮泥、积木、插塑等若干，以及幼儿熟悉的各种材料，如纸盒、小玩具等，野猫及其他动物头饰若干。

四、活动过程(16分)

(1) 请幼儿边看图片边听老师用幽默的语言讲故事，感受故事的幽默、有趣。

(2) 听完故事后，让幼儿谈一谈自己的感受。(这一环节，让幼儿自由发言，只要说出自己的想法即可)放故事录音，听第二遍故事。

(3) 提问，帮助幼儿理解故事内容。

第一，野猫告诉我们城市是什么样的？

第二，小动物为什么不喜欢野猫说的城市？

第三，野猫说的对吗？为什么？

第四，如果你到森林去你会告诉小动物们，城市是什么样的？让幼儿说一说自己眼中的城市是什么样子的。

(4) 引导幼儿说出城市有哪些不足，比如，空气不新鲜、噪声大等。

(5) 引导幼儿续编故事。

五、活动延伸(2分)

幼儿之间相互交流自己眼中的城市；回家后与父母一起分享自己对城市的看法。

10. 【参考答案】

一、活动名称(1分)

颜色变变变。

二、活动目标(6分)

(1) 通过一系列活动引导幼儿体验混色变化带来的快乐。

(2) 在玩玩做做中使幼儿知道三原色配色的结果。

(3) 引导幼儿根据活动内容创编儿歌。

三、活动准备(5分)

(1) 三原色颜料、纸片及混色变化后的纸片。

(2) 透明玻璃瓶及玻璃纸若干。

四、活动过程(16分)

(1) 出示三个透明的装有清水的玻璃瓶及三原色颜料，引起幼儿兴趣。

教师将三种颜料分别滴入三个装有清水的瓶中，请幼儿观察水会发生怎样的变化。

(2) 教师演示实验，幼儿仔细观察。

"今天，红、黄、蓝这三个颜色宝宝要来给小朋友们变魔术，他们三个相互搭配在一起就能变出一种新的颜色。"

(3) 幼儿分组进行实验活动。

① 每组幼儿几个玻璃瓶，三原色颜料及纸片。

② 幼儿自由搭配三原色，观察其发生了什么变化。

五、活动延伸(2分)

活动结束后和小朋友们一起玩；回家后与父母一起分享。

11. 【参考答案】

一、活动名称(1分)

倒数10以内数字。

二、活动目标(6分)

(1) 学习倒着数数，能从相反的方向感知自然数的顺序。

(2) 进行10以内的倒着数数的练习。

(3) 发展幼儿的逆向思维，为学习减法打基础。

三、活动准备(5分)

教具：数字卡片1—10，彩色串珠1—10。

四、活动过程(16分)

(一)集体活动

第一，盖高楼。

师：刚才老师接了个电话，建筑师要请咱们盖一座房子。瞧！盖房子的材料都准备好了，有些什么呢？(串珠和数字卡片)

师：你们看到过建筑工人盖房子吗？先盖第几层，接着呢？对，要一层一层地盖，建筑师要我们盖到第几层，就用几颗一串的串珠来表示。(老师盖好第1、2层，请一幼儿盖第3、4、5、6层，点名幼儿盖第7、8、9、10层)

师：楼房盖好了，可是楼层还没有编号，谁来帮帮我？

第二，参观高楼。

师：高楼盖得真漂亮！老师带你们参观一下吧(随着老师的手势念出楼层号)。

问：在上楼的过程中，你们发现了什么秘密呢？

幼：楼房越来越高，串珠越来越多，数字越来越大。

问：一次比一次多几个数字呢？

师小结：对，这就是我们学过的数的顺序，也就是从小的数数到大的数，一次比一次大一个。

师:好,现在一起下楼吧(顺着老师的手势倒着念下来)。
问:在下楼的过程中,你们又发现了什么秘密呢?
幼:串珠越来越少,数字越来越小。
师小结:这就是我们今天要学的倒着数,倒着数呢,数字会越来越小,一次比一次小一个。
第三,拆高楼。
如果我们要把这栋楼拆了再建一座大型的游乐场,应该怎么做呢?
问:拆高楼要从哪开始拆呢?(第10层)
师:对,要从最上面开始拆,好,开始拆了。
师幼合:拆高楼,拆高楼,拆一层,少一层,拆了10层拆9层,拆了9层拆8层……(体会越来越少的现象)
(二)游戏活动
倒数练习"接龙数数"。
老师任意说一数字,幼儿接着倒数;整组幼儿倒数接龙。

五、活动延伸(2分)
小朋友真能干,学会了10以内的倒着数,生活中还有很多倒数的现象。比如,过红绿灯时、下电梯时、发射火箭时;还有电视节目最精彩的时候,主持人也会倒着数。平时呢要多观察,发现倒数的现象就来告诉老师,好吗?
回家后与小朋友或爸爸妈妈说说生活中有哪些倒数的现象。

12.【参考答案】
一、活动名称(1分)
多彩的世界。
二、活动目标(6分)
(1)了解大自然色彩的丰富性,知道彩虹七种颜色的名称。
(2)会和同伴合作,用自己喜欢的方式表现出对美丽的大自然的感受。
(3)培养幼儿对色彩的感受能力,激发幼儿的艺术兴趣。
三、活动准备(5分)
教具:各色水果糖、多媒体及课件、音乐播放器、作业展示板等。
学具:水彩笔(蜡笔)、剪刀、彩纸、胶水、大张铅化纸等。
四、活动过程(16分)
(1)请幼儿品尝各色水果糖,说说吃了什么颜色的糖,觉得味道怎样。
(2)用课件展示大自然景色,让幼儿欣赏,从中找一找更丰富的色彩。
(3)欣赏两段音乐,让幼儿说说音乐里表现的是什么颜色,是怎样听出来的。
(4)导入正题,教师引言:色彩居然具有这么大的魅力,今天就让我们一起来体验"美丽的大自然"吧!老师想起了一种自然现象,叫彩虹,谁能说出彩虹颜色的名称来?(幼儿回答)将幼儿分成七组,分别以颜色命名。
(5)欣赏小朋友作品三幅(电子幻灯片),说说它们是用什么方法来表现自然的。
(6)展示材料,让幼儿讨论如何用这些材料来表现大自然的色彩美。
(7)幼儿创作,教师分组巡回指导。尊重幼儿意愿,让幼儿选择自己喜欢的表现形式,重新组合每组的阵容,开始用色彩来进行创作。

(8)展示每组作品,进行交流。每组派一名小朋友当解说员,其他人和老师当观众,一起参观《美丽的大自然》画展。
(9)欣赏大师作品。教师:世界在我们的眼里是多么新鲜、神奇和美丽,艺术大师们也用丰富的色彩表达着对大自然的热爱。(以电子幻灯片形式让幼儿欣赏3—4幅作品,并简单说自己的看法。教师小结)

五、活动延伸(2分)
活动结束后,到幼儿园中找找哪些地方有美妙的色彩,回家后到小区里或大自然中去发现美好的事物。

13.【参考答案】
一、活动名称(1分)
秋天水果知多少。
二、活动目标(6分)
(1)了解秋天的水果,知道其名称和主要特征。
(2)会用各种感官感知水果的特征。
三、活动准备(5分)
(1)在活动室里布置一个水果店,陈列柿子、石榴、苹果、生梨、橘子等水果。
(2)在自然角里放置盆栽的石榴和橘子。
(3)在活动区放置彩泥和果树图。
四、活动过程(16分)
(1)通过准备活动引起幼儿认识水果的兴趣。
向幼儿提出带水果的要求时,不要限制品种,可以让幼儿多带几种,带来后引导幼儿相互介绍。
(2)通过探索活动提高幼儿运用感官的能力。
①用水果店的方式陈列幼儿带来的水果,也可以让幼儿玩开水果店的游戏。
②教师准备一些水果供幼儿摆弄、品尝。
(3)通过交流活动激发幼儿继续探索的愿望。
①用卖水果的游戏方式让幼儿介绍各种水果的特征。
②引导幼儿介绍、交流和了解水果不同特征的方式(如:用眼看、用鼻闻、用嘴尝、用手摸等)。
③谈谈各种水果的产地。
④让幼儿了解水果有益于健康,以及吃水果要注意卫生。
(4)制作活动发展幼儿的动手能力和创造力。
让幼儿用彩泥做各种水果并粘在果树图上,然后把幼儿做的果树陈列在活动室里。

五、活动延伸(2分)
课后相互交流自己喜欢什么水果;回家后与父母分享关于水果的知识。

14.【参考答案】
一、活动名称(1分)
小蚱蜢逛农田。
二、活动目标(6分)
(1)在小蚱蜢"种粮"和"吃粮"的过程中,锻炼幼儿走、跑、跳的基本动作,在游戏中进一步了解秋虫蚱蜢。

(2)在活动中感受互相合作的快乐,体验模仿小蚱蜢做运动的乐趣。

三、活动准备(5分)

(1)备好垫子、轮胎、平衡木、圈、跨栏等体育器械。

(2)给幼儿身上贴好黄色或绿色的记号牌。

四、活动过程(16分)

(一)热身运动

(1)教师扮演蚱蜢妈妈,幼儿扮演小蚱蜢,跟着妈妈做运动——秋天到啦,蚱蜢宝宝跟着妈妈一起出去做运动吧。

(2)教师和幼儿随音乐做模仿操"小蚱蜢,学跳高,一跳跳上狗尾草,腿一伸,脚一蹬,哪个有我跳得高"。

(二)小蚱蜢种粮

(1)介绍游戏规则——看,这就是我们的农田,有四条种粮路线,每条路线都由垫子、轮胎、平衡木、圈、跨栏组合而成。幼儿分为四组,每组5人,每人手中有种果所需的不同工具。每组第一个幼儿出发,越过障碍物去取一颗粮食种子,返回将种子交给第二个幼儿,第二个幼儿再前往负责种下种子(放入筐内),种下后返回。以此类推,第三个幼儿负责浇水,第四个幼儿负责施肥,第五个幼儿负责收粮。在规定时间内,收获果实最多的一队获胜。

(2)游戏过程中教师注意幼儿出汗情况,并时刻提醒幼儿注意安全,鼓励幼儿不怕困难,勇往直前——他们为什么收获的果实最多呢?

(引导幼儿发现互相合作的重要性)

(3)再次比赛。

(三)小蚱蜢吃粮

粮食种好啦,跟着妈妈一起去农田里吃粮食吧。

(1)介绍游戏规则:这里就是农田啦,绿色两块、黄色两块,绿色是菜地,黄色是水稻,由三根不同高度的橡皮筋分隔开来,要想吃到最美味的粮食,就要跳过最高的皮筋。在吃的过程中,如果听到"青蛙"来了的信号时,就要立即躲避到与自己颜色相同的农田中(幼儿身上已贴好黄色或绿色记号牌),等"青蛙"走了再继续吃粮。被"青蛙"抓到的小蚱蜢要停止一轮比赛。

(2)游戏2—3次。

(四)放松运动

引导幼儿坐在"草地上"一起随音乐做腿部放松动作。——蚱蜢宝宝们,吃饱了吗?跟妈妈一起到草丛里去休息一会儿吧——其实秋天还有许多昆虫呢,下次我们一起邀请他们来开一个秋虫运动会吧。

五、活动延伸(2分)

(1)平时多练习跑、跳、钻等动作。

(2)多参与合作性的活动。

15.【参考答案】

一、活动名称(1分)

照片的故事。

二、活动目标(6分)

(1)运用连贯、完整并且富有一定故事情节的语言讲述照片的内容。

(2)感受照片所表现内容的多样性。

(3)体验与人交流的乐趣。

三、活动准备(5分)

(1)教师准备的照片:示范讲述的照片、孩子在幼儿园活动的照片、三张有益于幼儿经验拓展的照片,如幼儿园运动会照片、《喜羊羊与灰太狼》照片等。

(2)幼儿准备自己的照片2—3张,课前请家长和孩子共同交流、回忆有关照片的内容。

(3)布置照片展览会。

(4)自制一本相册。

四、活动过程(16分)

(一)创设情境,组织幼儿参观照片,相互交流照片的内容

(1)提出参观的要求:"参观的时候,请你找一找哪张照片是你的,和好朋友讲一讲你的照片上有谁,是在什么地方拍的,当时你的心情怎么样。"

(2)幼儿参观,同伴间互相讲述,教师了解幼儿讲述的大致情况,给予个别幼儿恰当的指导。

(二)教师示范讲述自己照片的故事

(1)教师示范讲述:我的照片的故事。

(2)通过提问,帮助幼儿理解讲述的要点以及讲述的条理性和完整性。

①我的照片里有谁?

②我和谁在什么时候去了什么地方?

③做了一件什么事?玩得怎么样?

(三)启发、引导幼儿用连贯、完整的语言讲述各类照片,感受照片所表现的不同内容,体验大胆讲述、与人交流的乐趣

(1)个别讲述自己照片的故事。

师:"谁愿意去选一张自己的照片,并将照片的故事讲给大家听?"

(2)讲述幼儿在幼儿园活动中拍的照片的故事。

(3)经验迁移,讲述他人照片的故事。

①《喜羊羊与灰太狼》节目的剧照。

②幼儿园运动会照片。

③自选照片,再次与同伴交流、分享照片的故事。

(四)分类整理,制作班级相册,共享照片的故事

(1)引导幼儿对照片进行归类、整理。

"每一张照片不仅能讲述一个动听的故事,还能帮助我们记住一件事情,每一张照片都很珍贵,我们应该将它保存好。"请幼儿按照片拍摄的地点归类、整理。

(2)制作班级相册,分享活动的快乐。

师:"这些照片装在一起,再加个封面就做成一本相册了,这是我们的班级相册,我们还会有更多的照片存放在里面,我们还要继续讲照片的故事。"

五、活动延伸(1分)

回家后与爸爸妈妈分享照片。

第八章 幼儿园·家庭·社区·小学

一、选择题（每小题3分）

1—5：CCCCA　6—10：CBACD　11—15：CDABD　16—20：CDBCA

21—25：BBCBA　26—28：AAD

二、简答题（每小题15分）

1.【参考答案】

（1）教育任务不同：幼儿园以激发儿童的学习兴趣和创造性为主，小学以知识学习为主。

（2）教育方法不同：幼儿园以游戏为主，没有家庭作业和考试；小学主要是课堂学习，有明确的任务和严格的考试及部分家庭作业。

（3）教育内容不同：幼儿园的内容侧重好奇心、想象力、良好的生活习惯等，而小学则以具体的教科书知识为主。

（4）学习要求不同：幼儿园以儿童自己游戏和自主学习为主，没有严格的考试，而小学有专门的考试来测评学习效果。

（5）管理方式不同。幼儿园属于义务教育，管理上不强制，没有出勤记录，作息时间比较灵活；小学属于义务教育，管理上比较严格，对纪律和行为规范的要求具有强制性。

（每小点3分）

2.【参考答案】

（1）幼儿园为幼儿入小学做准备的原因：（6分）

幼儿园与小学在性质上、学习内容上、学习方法上、学习要求上都有重大不同。所以幼儿园有必要为幼儿进入小学做好准备。具体原因如下：

① 保证幼儿在心理上、学习方法上、生活能力等方面能够顺利地过渡到小学。

② 保证儿童进入小学后的学习积极性和学习兴趣。

③ 保证儿童的可持续发展，完成从游戏学习到正规学习的过渡。

（2）做好哪些准备：（9分）

① 培养入学意识，培养幼儿向往入学的感情，激发良好的入学动机和学习态度十分重要。

② 培养社会适应能力，具体内容包括：主动性、人际交往能力、规则意识和任务意识。

③ 培养学习适应能力，培养幼儿的口语表达、阅读兴趣以及小肌肉协调等方面的能力，为学校的学习提供基础。

④ 培养生活适应能力，帮助幼儿形成规律的作息，在生活中独立自主。

3.【参考答案】

（1）父母的陪伴教育有利于幼儿认知发展。

（2）父母陪伴有利于发挥幼儿游戏的指导性。

（3）父母陪伴有利于良好亲子关系的建立。

（4）父母陪伴有利于良好行为习惯的养成。

（5）安全的依恋有助于儿童积极的探索以及同伴关系的发展。

（每小点3分）

4.【参考答案】

（1）与家长进行有效沟通的策略：（8分）

①换位思考，尊重家长；②客观评价，取得信任；③讲究方法，艺术沟通；④软化矛盾，冷静处理。

（2）与家长沟通的方式方法：（7分）

①电话联系；②家访工作；③入园、离园；④亲子活动、节日联欢、开放日；⑤家园之窗；⑥家长委员会；⑦家园联系手册；⑧家长学校。

5.【参考答案】

（1）培养幼儿对小学生活的热爱和向往。

（2）培养幼儿对小学生活的适应性。

（3）帮助幼儿做好入学前的学习准备。

（每小点5分）

6.【参考答案】

（1）社区资源包括幼儿园、家庭、社区周边的自然环境、生活设施环境及人文环境等。

（2）利用社区的地域环境优化幼儿园教育。

（3）利用社区的人口环境优化幼儿园教育。

（4）利用社区的文化环境优化幼儿园教育。

（每小点4分，满分为15分）

三、论述题（每小题20分）

1.【参考答案】

（1）培养入学意识和向往入学的感情，激发良好的入学动机和学习态度十分重要。

（2）培养社会适应能力，具体包括：主动性、人际交往能力、规则意识和任务意识。

（3）培养学习适应能力，培养幼儿的口语表达、阅读兴趣以及小肌肉协调等方面的能力，为学校的学习提供基础。

（4）培养生活适应能力，帮助幼儿形成规律的作息，在生活中独立自主。

（每小点5分，如无展开说明酌情扣分）

2.【参考答案】

（1）家长不理解幼儿的身心发展规律，存在严重的小学化倾向。（10分）

小学化倾向的坏处：讲课则一味灌输知识，缺少教具演示、缺少图案色彩、缺少生动的游戏等，由于教学内容背离幼儿的年龄特点，幼儿不能或不甚理解，使孩子体会不到学习的乐趣。小学化严重危害身心健康，与社会要求背道而驰，不符合新世纪育人的需要，对幼儿形成负面影响。

（2）家长对幼小衔接工作内容不了解。幼小衔接工作第一培养幼儿对小学生活的热爱和向往；第二培养幼儿对小学生活的适应性；第三做好儿童入学前的准备工作。（10分）

四、材料题（每小题20分）

1.【参考答案】

（1）A、B两位老师的教育观点存在偏差。（2分）

(2) 家园合作是幼儿园与家庭两方面的事情,目的是为了构建一个促进儿童发展的良好环境。构建过程中幼儿园负有更多的责任。(6分)

(3) 幼儿园有责任与家长进行沟通,寻找协调一致的儿童教育方法。具体要做到：第一,帮助家长提高科学育儿的水平,树立正确的教育观念；第二,帮助家长创设良好的家庭教育环境；第三,组织家长参与幼儿园教育,形成教育合力；第四,努力实现家园良好互动,能够真正地与家庭教育相结合。(6分)

(4) A、B两位老师只一味地指责家长不配合,而不问问自己应该做什么；只图自己省事,而不知与家长进行沟通；只抱怨幼儿表现不良,而不知如何去引导……这些都是不负责任的表现,也是教师素养欠佳的表现。(6分)

2.【参考答案】

(1) 材料中,家长的观念存在以下几点问题:(10分)

① 忽视了幼儿身心发展的特点。幼儿园的教育教学内容应该符合幼儿的发展水平及认识规律。幼小衔接工作主要是为了培养幼儿对于小学生活的热爱和向往,让幼儿能够适应小学生活,并非提前教授小学知识,小学化教学。材料中家长要求园所讲授教学小学知识,忽略了幼儿身心发展的特点。(3分)

② 忽视了幼儿的发展应是全面发展。幼小衔接是全面素质教育的重要组成部分,应从幼儿德、智、体、美各方面全面进行,内容涉及幼儿发展各个方面,避免把入学只等同于教幼儿认字、学拼音、算术的做法,进行片面发展。材料中家长想让园所减少游戏时间,增加算术、识字等教学内容只是单向性教学,片面教学。(3分)

③ 忽视了游戏的教育价值。游戏是幼儿最喜欢的活动,也是幼儿最基本的学习方法。游戏能够促进幼儿身体、智力、语言、社会交往等能力的发展。材料中家长建议幼儿园减少游戏活动,正是没有认识到游戏的教育价值。(4分)

(2) 提出解决措施如下:(10分)

① 教师应给予家长幼小衔接合理科学的方法,引导家长将幼小衔接的重点放在培养小学生活的社会适应性。培养幼儿的主动性、独立性、规则意识、人际交往能力以及增强幼儿的身体体质,帮助幼儿更快适应小学生活。(3分)

② 教师应引导家长帮助幼儿做好入学前的学习准备,准备内容有：培养幼儿良好的学习习惯,培养非智力品质,发展思维能力和基础能力。(3分)

③ 园所应多组织有关于幼小衔接的家长座谈会、专家讲座等专门的活动,帮助家长转变幼小衔接的观念,引导家长着重培养幼儿对于小学生活的热爱和向往。(4分)

3.【参考答案】

(1) 上述活动中的家园合作方式是活动法。活动法指幼儿家长参与托幼机构的教育活动与管理的一种方法,依据参与目的可分为观摩、庆祝、服务、管理。本材料是庆祝性质。(10分)

(2) 活动主要渗透的两个教育领域是社会领域和健康领域。(10分)

4.【参考答案】

(1) 明确地告诉家长这是正常行为表现。(5分)

老师可以与家长进行沟通,说明这种现象在幼儿园非常普遍,叫做"分离焦虑",几乎每个小朋友都会发生,属于正常行为,没有必要过分担心。

(2) 一定要让孩子发泄不安情绪,和孩子多谈谈幼儿园的新鲜事。(5分)

家长在家里可以让小朋友说说在幼儿园里发生的新鲜事、有趣的事,这样可以引发孩子对幼儿园的兴趣,从而减少分离焦虑。

(3) 坚持送园,不要随意打乱孩子适应幼儿园生活的规律。(5分)

只要身体良好,就要坚持把孩子送幼儿园。同时,要严格执行幼儿园的接送时间,其他时间不要来幼儿园看孩子,让孩子适应幼儿园生活。

(4) 心理越安全,分离焦虑就越弱,多与孩子肌肤接触。(5分)

想方设法让孩子感受到自己是安全的,爸爸妈妈是爱他的,这样就可以减少分离焦虑。

五、活动设计题(每小题20分)

【参考答案】

大班社会领域活动"我要上小学"

一、活动设计意图(2分)

本班孩子面对即将到来的小学生活充满好奇,经常围坐在一起讨论"小学是怎么样的?""上了小学都要做些什么?",但是由于生活范围和经验所限,往往无法探讨出完整且正确的答案。因此,我抓住此次教育契机,设计了本次活动,一方面满足幼儿兴趣和需要,另一方面也能努力做好幼小衔接的准备工作。这也贯彻了《幼儿园入学准备教育指导要点》中所提出的"具备任务意识和执行任务的能力"的教育建议。

二、活动目标(3分)

1. 知道自己的事情自己做,并懂得上小学前要做的具体事项有哪些。

2. 能在生活和学习中,提升自我执行任务的能力,遇到难题不退缩。

3. 养成良好的幼小衔接意识和任务意识,且对小学充满向往和憧憬。

三、活动准备(2分)

1. 物质准备：魔法盒一个、小学生的相关服饰(如红领巾、文具盒、书包、小学生校服)若干、U盘一个(含有小学生活场景视频一段)、桌椅的正确摆放。

2. 经验准备：幼儿在生活中接触过一些低年级的小学生,已有一定的生活自理能力。

四、活动重难点(2分)

1. 重点：知道上小学前要做哪些准备。

2. 难点：遇到难题不退缩,勇于面对。

五、活动过程(10分)

1. 开始部分由魔法盒导入。教师从魔法盒中取出U盘,以此吸引幼儿的注意力,并自然地引出本次活动的主题——幼小衔接。教师导入："让我们一起来看看,这里面是什么吧!"(2分)

2. 基本部分：(1)我要上小学,看一看。教师播放U盘视频,并向幼儿提出问题"这是在哪里？里面的大哥哥大姐姐在干嘛?"等问题,让幼儿针对内容进行思考,了解一些上小学要做的事情,以此完成活动的第一个目标。教师小结：这是在小学里面,他们有的在打扫卫生,有的在做环创,有的在做作业。都有自己要完成的任务。(2)我能上小学,说一说。教师对幼儿进行异质分组,并向其提出问题"如果是你去做,你会怎么做？遇到困难不会做该怎么解决?"让幼儿充分发挥想象力,思考完毕后,教师进行小结,以此完成活动的第二个目标。教师小结：如果是自己去做事情,一定先计划一下怎么一步一步去做,动口、动手、动脑、动眼,即使遇到了问题也应该自己先思考,实在解决不了,才会求助别人。(3)我想上小学,做一做。教师向幼儿分发小学生服饰,并提前创设好在小学的不同地点,不同情境,让幼儿在表演

的方式中,体验解决问题的成就感,养成良好的幼小衔接意识和任务意识,顺利完成本次活动的第三个目标。(6分)

3. 结束部分讲评结束。教师将幼儿在活动中的表现反馈给幼儿,并引导幼儿针对自己的优点或不足加以巩固或纠正,以促进幼儿在幼小衔接过程中评价能力的提升。(2分)

六、活动延伸家园共育(1分)

活动结束后,教师在家长群联系本班家长,建议家长带幼儿前往小学进行实地场景体验,做好上小学的心理准备,次日来园分享体验感受。

第九章 幼儿园教师

一、选择题(每小题3分)

1—5:DACAD 6—10:BBCAC 11—15:BDBAC 16—20:ABBAB
21—25:DCCAD 26—30:BBCCA 31—35:BDDBC 36—40:CCCDB
41—45:DCBAA 46—50:CBADA 51—52:CC

二、简答题(每小题15分)

1.【参考答案】
(1) 营造民主化学习环境,为幼儿搭建主动学习的平台。
(2) 创造性地运用教材,为幼儿提供主动学习的材料。
(3) 改变教学方法,提高幼儿主动学习的意识与能力。
(4) 教给学习的方法,为幼儿创造主动学习的条件。
(5) 改进指导策略,有效地促进幼儿主动学习。
(每小点3分)

2.【参考答案】
(1) 了解幼儿的手段。教师观察幼儿行为可以了解幼儿的发展特点、兴趣、需要,从而及时满足和拓展儿童的生活经验,为教师准确地预设教育教学内容奠定基础,为儿童开展活动提供充分的条件。尊重幼儿的主体性,是幼儿教师的专业基本功。(5分)
(2) 保教工作的依据。教师观察幼儿行为是适宜性教育的基础,是教师引导幼儿的前提,是幼儿园课程设计、优化幼儿园一日活动的依据。(5分)
(3) 家园共育的基础。教师观察幼儿行为是家园沟通、家园共育的前提。(5分)

3.【参考答案】
(1) 观察前观察者要做好准备。
(2) 观察时尽量使幼儿保持自然状态。
(3) 观察记录要求详细、准确、客观。
(4) 观察应排除偶然性。
(每小点4分,满分为15分)

4.【解析】
(1) 对胆汁质的幼儿:教师应采取直截了当的方式,但这些幼儿不宜轻易激怒,对其严厉批评要有

说服力,培养其自制力,坚持到底的精神,豪放、勇于进取的人格品质。
(2) 对多血质的幼儿:可以采取多种教育方式,但要定期提醒,对其缺点严厉批评。教师应鼓励他们勇于克服困难,培养扎实专一的精神,防止其见异思迁;创造条件,多给他们活动的机会,培养他们朝气蓬勃、足智多谋的优点。
(3) 对粘液质的幼儿:教师要采取耐心教育的方式,让他们有考虑和作出反应的足够时间,培养其生机勃勃的精神、热情开朗的个性和以诚待人、工作踏实、顽强的优点。
(4) 对抑郁质的幼儿,则应采取委婉暗示的方式,对其多关心、爱护,不宜在公开场合下指责,不宜过于严厉的批评,培养他们亲切、友好、善于交往、富有自信的精神,培养其敏感、机智、认真、细致、高自尊的优点。
(每小点4分,满分15分)

三、论述题(每小题20分)

1.【解析】
教育幼儿的工作是一项系统工程。它要求教师既要了解幼儿个体,科学地因人施教,又要了解与幼儿发展相关的环境的各种因素,还要促进它们相互沟通,形成有利于幼儿发展的合力。作为一名幼儿教师应具备如下专业能力:
(1) 观察力:幼儿教师的观察力主要指对幼儿直觉的、原样的、不加任何操作的自然观察能力。教师观察是形成幼儿教育观点的基础;教师观察是提供真实具体信息的重要途径;教师观察是深入理解幼儿的手段;教师观察是幼儿教育的有效评估方法。因此,观察力是教师需要具备的专业能力。
(2) 沟通能力:如教师与幼儿沟通,具体可分为非语言沟通和语言的沟通。非语言沟通包括微笑、点头、抚摸、拥抱、蹲下与幼儿交流,看着幼儿的眼睛倾听他们说话的态度等;在语言的沟通中,教师与幼儿语言沟通应该掌握的几种技能:引发交谈的技能;倾听的技能;扩展谈话的技能;面向全体、注意差异、有针对的谈话技能和结束交谈的技能。再如教师与家长的沟通,幼儿教师首先应了解家长,掌握与家长交流的技巧,沟通要以教师对孩子的爱、对社会的高度责任感为动力,以理解、接纳、开放的态度为基础。
(3) 组织分组活动的能力:合理的分组应表现出三个特点:有层次、有特色、有变化。除合理的分组外,教师还应具备指导小组活动的能力。
(4) 环境的创设与利用能力:教师要善于调动幼儿参与环境建设的积极性,充分利用已有的空间和材料设施,创造性地使用废旧材料和自然材料,为幼儿创设活动化的物质环境,还要建立和谐的师幼关系,创造良好的班风。
(5) 一日生活的组织与保育能力:教师要能够合理安排和组织一日生活的各个环节,将教育灵活地渗透到一日生活中,科学照料幼儿的日常生活、有效保护幼儿并及时处理幼儿常见的意外事故。
(6) 游戏活动的支持与指导能力:教师要善于为幼儿创设良好的游戏条件,支持和鼓励幼儿自主选择游戏内容、伙伴和材料等,使幼儿充分体验到游戏的快乐和满足。保证游戏活动的顺利展开,提供必要的支持与指导,促进幼儿多方面的发展。
(7) 教育活动的计划与实施能力:教师需在教育活动中观察幼儿,根据幼儿的表现和需要,调整活动计划,并在实施过程中给予适宜的指导,给幼儿提供更多的操作探索、交流合作、表达表现的机会,支持和促进幼儿主动学习。

综上所述,幼儿教师应具备上述多种专业能力。(每小点3分,满分20分)

2.【参考答案】

(1) 儿童发展包括生理发展和心理发展两方面,即是其生理成熟与其个性心理品质的形成与变化的复杂过程。(2分)

(2) 儿童发展是体智德美等全方位的发展,而不是片面发展。(3分)

(3) 儿童发展受遗传、环境、个体因素等多种因素的影响,是主客观相互作用的结果。(3分)

(4) 儿童是发展的主体,是主动地发展而不是被动地发展。(3分)

(5) 儿童是一个独立的存在,每个儿童的发展速度与水平都不相同。(3分)

(6) 儿童通过活动而发展,每个儿童都具有发展权。(3分)

(7) 教师是儿童发展的促进者。(3分)

3.【参考答案】

(1) 培养全面素质。

从世界学前教育的发展目标来看,其目标从以往的只重视知识的传授向重视体、智、德、美全面发展。联合国教科文组织召开的"面向21世纪教育国际研讨会"专题报告提出:"21世纪最成功的劳动者,将是最全面发展的人,是对新思想和新机遇最开放的人。"

(2) 重视培养竞争意识、竞争道德、竞争能力。

使幼儿从小学会与自己的过去竞争、不断自我完善、不断超越自我,具备与他人竞争的能力和心理素质。21世纪的我国,市场经济更加发达,随之社会进一步表现出竞争性、开放性、创造性、变化性和冒险性等特征,为了更好地适应社会,在现有的幼儿教育目标中渗透未来社会对人才素质的要求,重视培养幼儿大胆探索、不怕吃苦、不迷信权威、勇敢追求和冒险的品格。

(3) 重视培养幼儿开阔的眼界、宽广的胸怀、开放性的思维习惯。

鼓励幼儿认识变化、适应变化、促进变化,为幼儿适应未来变化万千的社会打下基础。

(4) 重视培养创新精神。

未来社会是信息化的社会和知识经济的时代。知识经济时代是以知识为资本、智能为财富,以不断学习、不断创新为基本特征的。学会学习和不断创新将成为未来社会的时代精神。幼儿成长和进入未来的信息化时代,唯一的通行证就是学会学习,有不断创新的能力和精神。这种能力和精神要从幼儿开始培养。

(每小点5分,如无展开说明酌情扣4—8分)

四、材料分析题(每小题20分)

1.【参考答案】

(1) 教师能细心关注幼儿的行为,发现幼儿的实际需要。(6分)

当王老师看到小雅哭时,马上询问;当发现小雅需要大便时便陪同她到厕所。

(2) 尊重幼儿的感受与意愿,注意营造安全的心理氛围。(6分)

当了解到小雅在幼儿园拉不出大便时,王老师用温和的语言加以鼓励:"老师陪你多蹲一会儿,把大便都拉出来,好吗?"当小雅听到冲水声吓得哭起来时,老师给她制造一个较为安全的环境:将水箱龙头关小,把小雅抱到离冲水远一点的位置蹲下,轮流陪小雅上厕所等。

(3) 针对具体问题,采取多种策略解决问题。(8分)

如持续观察与陪伴,主动与家长沟通,将源头拧小,调整蹲位,协调其他教师共同支持等。

2.【参考答案】

刘老师的教育行为是正确的,符合教师职业道德规范的要求,值得我们去学习。刘老师的教育行为符合关爱学生的职业道德规范,关爱学生要求关心爱护全体学生,尊重学生人格,对学生严慈相济,做学生良师益友。不讽刺、挖苦、歧视学生,不体罚或变相体罚学生。材料中孩子争抢玩具,出现扭打的不良行为,刘老师见状并没有严厉批评,而是耐心教育孩子,所以刘老师做到了关爱每一位学生。刘老师的教育行为符合教书育人的职业道德规范,教书育人要求循循善诱,诲人不倦,因材施教。培养学生良好品行,促进学生全面发展。材料中,刘老师耐心引导孩子们认识到争抢积木的错误,启发幼儿懂得互相谦让、轮流玩。培养了幼儿的规则意识和友好的人际交往能力,所以,刘老师做到了教书育人。刘老师的教育行为符合爱岗敬业的职业道德规范,爱岗敬业要求教师勤恳敬业,甘为人梯,乐于奉献。对工作高度负责,不得敷衍塞责。材料中刘老师在下班后还在办公室回看在建构区拍摄的活动视频,分析幼儿在活动中的游戏行为与表现,并形成了观察报告。所以,刘老师做到了对工作的尽职尽责。总之,材料中刘老师的教育行为符合教师职业道德规范,值得许多教育工作者深思和借鉴。

3.【参考答案】

(1) 这则材料体现了综合教育的理念。(5分)

(2) 教育意义:(15分)

① 综合教育能提高教师整体驾驭幼儿教育的能力。(5分)

由于活动是开放的,随时可能出现一些预料不到的情况,教师要根据实际情况灵活处理。如材料中的老师需要抓拍儿童的头像,还要即兴编儿歌等,这样可以提高老师的整体教育能力。

② 综合教育能充分发挥教育因素的整合功能。(5分)

材料中涉及美术、音乐、体育、语言等多个领域,综合教育能够使各领域的教育功能得到整体发挥。

③ 综合教育便于幼儿在学习过程中对信息进行编码储存和运用,有利于幼儿的积累、思考、提炼和归纳。(5分)

材料中开展的活动,使幼儿充满兴趣,而且能够从中提高认识自己、认识他人、与人合作等知识与技能。

4.【参考答案】

(1) 明明的表现是典型的多动症。(5分)

明明性子很急、玩创造性游戏总是玩打仗、爱逞能、拉住正在转的椅子、上课坐不住、常常发出叫声、克制不住自己、没听清楚就答非所问等都是多动症的典型表现。

(2) 联系明明的父母,家园配合。(5分)

作为老师应与明明的父母沟通,了解明明在家里的表现,然后制定一个整体方案,幼儿园与家庭一起努力改正明明的多动症。

(3) 督促明明保持均衡及正常饮食,作息规律。(5分)

不管在家里还是在幼儿园,老师与家长都要保证明明恰当的饮食,而且要严格安排作息时间,保证作息有规律。

(4) 耐心指导明明做事遵从规则,并进行逐步训练。(5分)

必需的训练是纠正多动症的有效措施。在家里和幼儿园要进行相应的训练,特别是遵守规则的训练,做事不急躁,进行三思而后行的训练等。

5.【参考答案】

(1) 观察法。

观察法包括自然观察法、干预性观察法和间接观察法。教师应利用一切机会观察幼儿，了解其心理特点。本案例中可以观察甲乙丙几个小朋友和小慧的反应，以此了解各自的心理状态。

(2) 实验法。

包括自然实验和实验室实验。一般情况下应该多使用自然实验法，如本案例中，可以做一个对换实验，让其他小朋友说"甲的爸爸是科学家"，观察其他小朋友有什么反应。

(3) 谈话法。

通过和幼儿交谈，研究他们的心理活动。本案例中可以找甲乙丙谈话，了解他们是怎么想的。当然要找小慧谈话，了解她的想法与感受，并进行特定的疏导。

(4) 调查访问法。

通过特定的方法，如问卷、访谈等形式进行。可以考虑对幼儿的家庭进行访问，了解各个家庭的基本情况，然后给予指导。

(每小点5分)

6.【参考答案】

(1) 长期文化传统的影响。作为有五千年悠久历史的文明古国，人们较为重视给予儿童足够的文化知识，至于其他方面则可忽视。(5分)

(2) 家长的功利需要。由于独生子女家长"望子成龙""望女成凤"的心态十分普遍。许多家长过早地为孩子选择职业定向，学习一技之长，希望孩子能够在人才竞争中取胜。而作为幼儿教育目标当中一些基本的内涵则被忽视和削弱了，如幼儿的人格培养、身体素质的提高、审美素质的提高等。(5分)

(3) 应试教育的压力。由于升学竞争和就业竞争的现实性矛盾，学校教育陷入应试教育的模式当中，而这种竞争也已经广泛深入影响到幼儿教育阶段。在社会上风行的"零岁方案""神童方案"等，无不反映出应试教育在学前教育中的影响。正因为上述原因，家长和幼教机构难以摆脱这种短视的教育做法，表现为重知识灌输轻能力培养、重智力培养轻人格因素培养等错误倾向。一些幼儿园迫于家长的压力或经济利益的驱动，办起了各式各样的兴趣班、特长班，干扰和影响了幼儿园全面发展教育目标的贯彻实施。(5分)

(4) 幼儿体、智、德、美各个方面是相互促进、相互补充的关系，"特色园""兴趣班"的做法常常只注重幼儿的某一方面发展，盲目攀比，拔苗助长，如果利用不好会阻碍幼儿的正常发展，无视幼儿的身心发展规律，最终造成幼儿思维、个性发展的扭曲，与人们愿望适得其反。(5分)

7.【参考答案】

(1) 把握幼儿学习的直观形象性，对幼儿进行指导。

材料显示出华老师把握了幼儿年龄的特点和规律进行有效的指导。

(2) 善于发现幼儿生活中的问题，进行个别化教育。

在教育教学中，善于观察、发现幼儿遇到的实际问题，进行个别指导，提升幼儿生活与学习的能力。

(3) 善于总结生活经验，不断创新教育方式方法。

华老师善于举一反三，针对幼儿的实际问题给予帮助的同时，创新教育教学方法促进更多的幼儿取得进步。

(每要点6分，展开说明2分)

8.【参考答案】

(1) 关爱幼儿，尊重幼儿的人格和隐私。

材料中，李老师发现丹丹有六个脚趾时向丹丹道歉，并满足她不脱袜子的意愿，保护了学生的自尊心，做到了关爱学生。

(2) 家园合作，主动与家长积极沟通。

材料中，李老师发现乐乐存在问题后，及时与其父母进行有效沟通，共同帮助乐乐解决不善言辞、性格孤僻的问题，符合为人师表的要求。

(3) 针对问题，耐心细致地进行教育。

材料中，李老师就乐乐不善于言辞的问题细心地去解决，引导乐乐与小伙伴交流，最终使乐乐的言语能力得到发展，性格也变得开朗，很好地践行了教书育人的要求。

(每要点6分，展开说明2分)

9.【参考答案】

教师的做法符合新课改背景下育人为本的儿童观，这种保育行为值得学习。(2分)

(1) 儿童是发展中的人，有巨大的潜能和探索意识。(6分)

材料中，就金鱼的意外死亡，教师并没有直接告知幼儿答案，而是带领幼儿大胆假设、论证研究，激发了幼儿的学习热情，促进了幼儿的发展。

(2) 育人为本的儿童观强调要促进幼儿的全面发展。(6分)

材料中，教师不但就金鱼之死引发大家在知识方面的讨论，还为金鱼举办了一个葬礼，让幼儿体会到了生命的宝贵与意义，陶冶了幼儿的情操，丰富了幼儿对大自然的情感与热爱。

(3) 作为幼儿教师，要全面贯彻育人为本的儿童观，一切以儿童的全面发展为中心，帮助幼儿在各个方面健康快乐的成长。(6分)

10.【参考答案】

(1) 关爱学生，维护幼儿尊严。(6分)

关爱学生要求关心爱护全体学生，尊重学生人格，做学生的良师益友。徐老师面对晓天这种个体差异化十分明显的幼儿，并没有不管不问，而是深入了解该幼儿的情况，对其加以关心爱护，保护了幼儿的人身尊严。

(2) 因材施教，开发幼儿潜能。(6分)

教书育人要求遵循教育规律，实施素质教育，循循善诱、诲人不倦、因材施教。徐老师在了解幼儿情况的基础上，从开发智力、培养语言表达能力、提升理解能力与动手能力等多方面入手，符合因材施教的教育要求，也符合该幼儿的身心发展需要。

(3) 家校合作，促进幼儿健康成长。(6分)

徐老师的行为体现了为人师表。为人师表要求坚守高尚情操，团结协作，尊重同事，尊重家长。徐老师不仅仅自己想方设法对幼儿进行教育，还积极联系家长，了解幼儿情况，与家长交流教育经验与方法，从而形成教育合力，最终促使幼儿得到了健康发展。这种行为不仅为家长树立了良好的榜样，也有助于班级其他幼儿健康思想的形成与发展。

总之，徐老师的行为体现了崇高的教师职业道德规范，这种精神值得大力弘扬，需要每个老师学习。(2分)

11.【参考答案】

(1) 素质教育，教育与生活相结合，体现了幼儿园教育的生活性。

刘老师运用生活中的水开展教育活动，让孩子们明白讲究卫生的重要性，使孩子们养成良好的生活习惯。

(2) 以人为本,强调幼儿学习的感知体验性。

刘老师通过两杯水的比较,让孩子们亲身体验漱口与健康的关系,加深了孩子们对卫生习惯的养成。

(3) 保教结合,寓教于保。

漱口问题是一个保育问题,刘老师通过让孩子们体验,感悟到讲究卫生的重要性,使孩子们受到了良好习惯养成方面的教育。

(每小点6分,展开说明2分)

12.【参考答案】

(1) 爱岗敬业,认真负责。

黄老师经过观察发现了馨馨不好运动,到午睡时仍然精神饱满,不觉疲倦,因而午睡时总是睡不着。说明黄老师对工作认真负责。

(2) 关爱幼儿,耐心细心。

黄老师发现馨馨睡不着的问题后,先是耐心告诉她午睡的好处,然后通过加大户外运动、发金牌、舒缓她的情绪等方法,终于使馨馨每天都能睡得很香了!

(3) 家园合作,主动沟通。

黄老师主动联系家长,请家长配合,让馨馨在家里早睡早起,以帮助她养成良好的午睡习惯。

(每小点6分,展开说明2分)

13.【参考答案】

(1) 体现幼儿教育的生活性和细致性,寓教育于一日生活中。

材料中张老师通过强化幼儿正确吃饭的行为,使幼儿主动、活泼、愉快地吃饭,培养幼儿良好的行为习惯。

(2) 关注幼儿年龄特点,把握幼儿学习的直观形象性和游戏性。

张老师不仅关注全体幼儿,还关注不同幼儿的个体差异,从儿童的个性特点出发,对其进行教育。材料中的璐璐吃饭容易弄脏小手,张老师有针对性地给璐璐毛巾擦手,体现了针对不同幼儿采取不同方式进行良好习惯的培养。

(3) 热爱幼儿,注重幼儿良好习惯的养成。

材料中张老师为了让幼儿养成好好吃饭的习惯,通过老师示范,学生模仿,并辅助小动物角色扮演的方式,增加幼儿自己动手吃饭的机会,鼓励幼儿克服困难,培养幼儿良好品质,激发幼儿的主动性与积极性。

(每小点6分,展开说明2分)

14.【参考答案】

(1) 具有灵活的教育机智。

李老师善于反思自己,在实践中灵活应对,开展教育教学。

(2) 对所有幼儿一视同仁。

李老师面对其他小朋友的反应,并没有不管不问。而是意识到自己的行为冷落了其他的小朋友,及时调整,关心爱护所有的小朋友,体现了关爱学生的道德规范。

(3) 关注教育细节,避免负面影响。

李老师刚开始把多出来的蛋糕直接给了旁边的莉莉,没有体现教育的公平公正,但是后来老师的及时处理体现她注意细节避免负面影响。

(4) 李老师能够及时地意识到自己的问题,并且能够反思自己的教育行为,以高标准要求自己,体现了为人师表的道德要求。

(每小点5分)

15.【参考答案】

这位老师的做法是正确的,符合现代幼儿教育观。

(1) 关爱儿童,关注每一位儿童的成长。

材料中,白老师没有因为小楷腼腆不爱说话就忽视对他的培养,而是积极关注小楷的成长,并夸赞小楷说话的声音很好听,关注班级内每一位学生的成长。

(2) 一视同仁,根据儿童特点进行教育。

材料中,白老师针对小楷说话声音好听的特点,鼓励小楷多进行表达,做到了因材施教,使小楷得到了充分的发展。

(3) 家园合作,促进儿童发展。

白老师还找到小楷的家长,建议家长多鼓励小楷说话,让小楷多和同龄人玩耍。小楷越来越愿意和他人交流,性格开朗多了。

(4) 发现问题,结合优点有针对性地教育。

白老师发现小楷不爱说话的问题后,充分利用小楷说话声音好听的优点,有针对性地进行教育。

(每个要点5分)

16.【参考答案】

材料中教师的行为遵循了相关的教师职业道德规范,值得赞扬。

(1) 关爱儿童,细心照料儿童。

材料中钟老师面临儿童啼哭不止,没有大发脾气,而是采用细心安抚的方法去教育学生。

(2) 善于总结经验,积极寻找应对方法。

材料中钟老师在面对教学困难的时候能够从多角度来思考并解决问题,最终找到解决的方法,解决了幼儿啼哭不止的问题。

(3) 廉洁从教,拒收家长礼物。

材料中钟老师在教师节拒收家长的礼物体现了廉洁从教,符合这一职业道德规范。

(每小点6分,展开说明2分)

17.【参考答案】

这位老师的做法是正确的,符合儿童为本的教育理念。

(1) 尊重儿童,保护儿童的自尊心。

材料中姜老师得知元元等小朋友往滑梯上吐唾沫,不让其他小朋友玩滑梯。这是应该批评的,但她发现小朋友在讨论"唾沫为什么往下滑"的问题时,则引导孩子们讨论。这表现了姜老师儿童为本的理念。

(2) 因势利导,引发儿童深入思考,促进儿童主动发展。

迪迪问:"唾沫为什么会滑下去呢?"姜老师顺势引导:"这个问题提得好,谁知道为什么呀?"结果孩子们发现了唾沫会往下滑的"秘密"。

(3) 教育机智,善于利用现实生活引导儿童思考。

小孩子往滑梯上吐唾沫,这是一个偶发事件,姜老师不仅化解了这个问题,而且引导儿童进行观察与思考,探讨其中的秘密。

(4) 把握时机,对儿童进行品德教育。

当小朋友们弄清唾沫为什么往下流的原因后,姜老师抓住时机对儿童开展品德教育。让孩子们明白往滑梯上吐唾沫是一种错误的行为。知道"随地吐痰不对,往滑梯上吐也不对""不讲卫生"。最后,恺恺从口袋里拿出纸将滑梯上的唾沫擦干净,滑梯前又排起了队。

(每小点5分)

18.【参考答案】

李老师的行为符合职业道德的相关要求,值得我们学习。

(1) 教书育人,循循善诱,培养孩子与人分享的观念。

材料中李老师对涛涛的行为,并不是简单粗暴加以制止,而是认真引导并教育其学会和其他小朋友分享,促进了幼儿身心的全面健康发展。

(2) 关爱儿童,尊重儿童人格,做学生的良师益友。

李老师面对涛涛的"自我为中心"和任性。注意引导涛涛先去拼图,再玩积木,并在拼图的过程中引导涛涛学会分享自己的成果,主动和其他小朋友学会合作。李老师的这种行为体现了对所有幼儿的关心和爱护,真正做到了成为幼儿的良师益友。

(3) 机智灵活,根据儿童身心发展规律进行保育教育活动。

材料中李老师面对涛涛的行为,没有强制改变其不良的习惯,而是遵循幼儿心理发展的规律,逐步展开,最后涛涛愿意与人分享玩具。

总之,李老师的行为真正体现了其为每一个孩子的发展尽心尽力,是我们学习的榜样。

(每小点6分,展开说明2分)

仿真模拟练习1

一、单选(每小题3分,共30分)

1—5:CCBAB 6—10:AABCA

二、简答题(每小题15分,共30分)

11.【参考答案】

皮亚杰认知发展理论的四个阶段分别是:

(1) 感知运动阶段(0—2岁)。

(2) 前运算阶段(2—7岁)。

(3) 具体运算阶段(7—12岁)。

(4) 形式运算阶段(12—15岁)。

(缺1点扣4分)

12.【参考答案】

(1) 不合适。(2分)

(2) 理由如下:

① 《3—6岁儿童学习与发展指南》(简称《指南》)不是一种量表类的严格的测量工具,而是一种指导幼儿学习与发展的导向性文件。《指南》本身不是用来衡量幼儿优劣、对幼儿进行筛选的工具。将它作为"尺子"去衡量幼儿不是《指南》的本质所在,所以用《指南》衡量每个幼儿是极其错误的。(5分)

② 幼儿的发展是一个持续、渐进的过程,尽管会表现出一定的阶段性特征,但每个幼儿发展存在个体差异,其发展的速度与达到某一阶段的水平的时间不完全相同。(4分)

③ 尊重个体差异是学前教育的重要原则。要充分理解和尊重幼儿发展进程中的个别差异,支持和引导他们从原有水平向更高水平发展,按照自身的速度和方式到达《指南》所呈现的发展"阶梯",切忌用一把"尺子"衡量所有幼儿。(4分)

三、论述题(1小题,20分)

13.【参考答案】

由于幼儿园的一切教育活动最终都要通过班级管理来实现,所以班级管理的内容不仅涵盖了幼儿园管理中的一切管理内容,还包括教师之间的协调工作、幼儿班级建设工作和针对每个幼儿的具体工作。幼儿园班级管理一般由生活管理、教育管理、物品管理和其他方面的管理组成。(5分)

(1) 生活管理(4分)

幼儿园班级生活管理是为了保证幼儿的身体正常发育、心理健康成长,保教人员围绕幼儿在幼儿园内的起居、饮食等生活方面的需要而从事的管理工作。生活管理几乎包括睡眠、饮食、如厕、衣着等全部生活内容,是保育工作的重要内容,是教育工作的前提,是班级管理的基础。幼儿园之所以兼具幼儿之家和幼儿学校的双重特点,其根本原因在于幼儿园有其独特的班级生活管理。

生活管理可以满足幼儿在园生活的物质需要,为其提供良好成长的物质环境。另外,班级生活管理是社会的需要,也是顺利进行教育管理的必要条件。

(2) 教育管理(4分)

幼儿园班级教育管理是指班级保教工作人员在班主任教师带领下对班级幼儿进行调查研究,对教育过程精心设计、组织,对教育结果进行细致评估的一系列工作。

教育管理对明确教育目标、优化教育方法、保证教育效果等方面起着非常重要的作用。教育管理是幼儿园教师最经常和最基本的管理工作,也是幼儿园各项管理工作的中心。

(3) 物品管理(4分)

班级物品包括小床、小被等生活用品,玩具、学具等学习用品,以及钢琴、电视等教师教学物品。班级物品摆放得当,能给幼儿一个整齐有序的环境,有利于幼儿生活和活动,有利于幼儿成长,同时也方便教师使用。

(4) 其他管理(3分)

幼儿园班级管理除了着重进行生活和教育管理外,还有许多与之相关的其他管理,如家园交流管理、班级间交流管理、幼儿社区活动管理等,它们是班级常规管理的重要组成部分。

四、材料分析题,并回答问题(每小题20分,共40分)

14.【参考答案】

(1) 王老师的行为是合理的。(2分)

(2)幼儿园一日生活常规是幼儿园教育的基本组成部分,在一日生活常规的养成过程中,儿童潜移默化地掌握一些最基本的生活经验,锻炼独立生活的能力,发展德、智、体、美等方面的素质。(4分)

(3)幼儿园一日生活常规的培养要求教师:创设宽松的环境氛围、创造机会让儿童多练习。王老师看到小强取鞋子,没有责备他,而是默默地鼓励他、指导他,最终让小强取到了鞋子。(4分)

(4)王老师的做法:一是为孩子提供了一个宽松的环境;二是创造机会让孩子练习;三是适时指导,尽老师的本份;四是充分尊重儿童,视儿童为学习的主体;五是充分发挥儿童的主观能动性。(10分)

15.【参考答案】

(1)①雪儿能根据物体的外部特征进行分类,但还不能掌握数的概念。材料中,雪儿看着标签,然后往不同的车厢装进了与标签品种一样的"水果",每节车厢都装满了"水果",说明雪儿不能同时关注数量和种类,还不理解数的实际含义。(4分)

②幼儿莉莉能够根据事物的数量和特征进行分类,并且能手口一致地点数,以及能按数取物。材料中,莉莉用手点数标签上的"水果",嘴里还念着数字,然后拿出相应品种和数量的"水果"放进车厢,体现了此点。(3分)

③民民能够说出总数和按数取物。材料中,民民看着标签,就取出相应品种和数量的"水果"放进车厢,说明民民此时的计数已经进入到内化阶段了,也从侧面反应了他经历了从外部动作到内部动作的发展过程。(3分)

(2)该材料对教育的启示是:

①作为教师应理解和认识幼儿发展的特点。例如,对于有些幼儿在计算时出现掰手指、出声点数的现象,作为教师不要随便制止,应允许幼儿通过掰手指、出声点数的方法去解决他们计算中遇到的问题,同时教师应意识到这些幼儿的计算能力还处于外部动作阶段或者还没有完全的内化。教师应通过多种形式和手段,促使他们的数学学习从外部动作向内部动作转化。(3分)

②教师要培养幼儿对数的兴趣。在发展幼儿计数能力时可采用多种形式,将其与生活和游戏相结合,用幼儿感兴趣的方式,将抽象的内容转化成直观形象的内容,便于幼儿理解,帮助幼儿获得经验,寓教于乐。(3分)

③教师要认识到幼儿发展的差异性,做到因材施教。从材料中可以看出:即便同为小班幼儿,但不同幼儿的发展水平仍然存在个别差异。因此,教师要认真观察和比较不同幼儿的发展水平,以便了解幼儿的发展需要,进行适宜的指导,促进幼儿在原有水平上的发展。例如,材料中雪儿,在投放"水果"时,把每节车厢都装满了"水果"。教师可以给幼儿做点数的示范,可以一边去触碰物体,一边口中说出数词,帮助幼儿理解数词与物体数量之间的对应关系,让幼儿一边看,一边模仿。(4分)

五、活动设计题(本大题1小题,30分)

16.【参考答案】

一、活动名称(1分)

使声音变大。

二、活动目标(6分)

(1)鼓励幼儿提出问题,大胆实践,培养科学探索精神。

(2)培养幼儿归纳思维,通过比较,了解声音在固体和空气中的传播是不一样的,固体比空气更能传播声音。

(3)知道把声音"拢"起来后,声音会被放大。

三、活动准备(5分)

幼儿2—4人一组,每组钟表1个、方纸筒4个、带盖的铁盒1个、观察记录表每人1张。

四、活动过程(16分)

(1)幼儿探究活动一:

探究的问题:在同一位置、相同的距离,怎样使桌上钟表的声音听起来变大?幼儿讨论:我用什么方法听?

试一试:把耳朵贴在桌面上,在桌边听钟表的声音。

记一记:"我"的观察记录。

说一说:"我"的发现。

耳朵贴在桌面上听到的钟表声音比在桌边听到的钟表声音大。

(2)幼儿探究活动二:

探究的问题:在同一位置、相同的距离,怎样使盒子里钟表的声音听起来变大?

幼儿讨论:"我"可以用什么方法听?

试一试:把耳朵贴在盒盖上;贴近盒盖听钟表的声音;把耳朵放在木头桌子上。

记一记:"我"的观察记录。

说一说:"我"的发现。

(3)玩一玩:游戏:"纸筒里的钟表声"。

耳朵靠近纸筒口听一听,放在纸筒中的钟表和不放在纸筒中的钟表声音一样吗?

再往上加一个纸筒,钟表的声音变大了还是变小了?

再往上加第三、第四个纸筒,听听钟表的声音有什么不一样?

(4)讨论结果:将纸筒拢起来,使钟表的声音听得更清楚。

五、活动建议(1分)

(1)钟表嘀嗒声一定要明显,听得清楚。

(2)给幼儿提供一个安静的环境,以便辨听。

(3)听声音作比较时,幼儿要在同一位置和相同的距离去辨听。

六、活动延伸(1分)

与他人分享各种使声音变大的方法,并与爸爸妈妈一起寻找在日常生活中还有哪些方法可以使声音变大。

仿真模拟练习2

一、单选(每小题3分,共30分)

1—5:CCACC 6—10:BCDDA

二、简答题(每小题15分,共30分)

11.【参考答案】

(1)中班幼儿数学学习的思维特点:(7分)

① 思维以具体形象思维为主,较少依靠抽象思维。

学前儿童的思维主要是以具体形象思维为主,中班幼儿对物体的认识往往需要借助具体直观的材料,但数学知识却是一种高度抽象的知识,需要摆脱具体事物的其他无关特征才能获得。所以茵茵知道3个苹果加2个苹果是5个苹果,但不知道"3加2等于几?"的抽象含义。

② 中班幼儿对事物的认识是直接、简单和表面化的,概括的水平很低,只能从生活和游戏中感受事物的数量关系。

（2）对教育的启示:（8分）

① 教师应从中班活动目标出发,设计各种游戏材料,为数学游戏化提供物质保证。

② 教师要注意为幼儿创设与数学游戏活动相适应的教学环境,激发幼儿参与活动的主动性。

12.【参考答案】

体育活动中与活动后,教师分别可以从幼儿面色、汗量、心率、呼吸状态、动作质量、精神状态等方面的判断幼儿的活动量是否适切,具体内容为:(3分)

（1）若幼儿在体育活动中幼儿满头大汗,面色红润,呼吸急促。这说明幼儿的活动量较大,教师应适时调整。(3分)

（2）一般认为,学前儿童在体育活动时的平均脉搏为140次/分左右为适当,活动前的心率与活动后的心率之差不应超过50次。(3分)

（3）若幼儿在活动过程中,呼吸显得急促但仍较有规律,这表明此时的活动量较大但仍然合适,只是这种状况维持的时间不宜长。如果发现幼儿呼吸急促并且有些紊乱,出现了上气不接下气的现象,这就说明活动量过大了,需要及时地加以调整。(3分)

（4）最后,教师还应观察幼儿活动中的动作质量是否标准,以及活动中和活动后的精神状态是否饱满。(3分)

综上所述,教师应时刻关注幼儿在体育活动中的各方面状况,以便及时调整活动量。

三、论述题(1小题,20分)

13.【参考答案】

（1）家园合作的意义:(8分)

① 家园合作有利于儿童身心健康发展。

② 家园合作能更好地指导、改进家庭教育。

③ 家园合作有利于幼儿园的教育工作。

④ 家园合作有利于良好亲子关系的建立。

（2）存在的误区:(12分)

① 对家园合作的目的不清楚。

家园合作的目的是促进儿童的全面发展。

② 对家园合作的本质认识不清。

认为家园合作就是家庭要配合幼儿园,家庭处于从属地位。

③ 对家园合作的内容不明确。

家园合作的内容是多方面的,既包括心智方面的,也包括道德情感方面的,还包括工作方式、方法方面等。

④ 对家园合作的方法理解有偏差。

家园合作的方式方法是多种多样的,既可以老师给家长提建议,也可以家长给老师提建议;既可以幼儿园向家长宣传儿童教育理念,也可以邀请家长参与幼儿园管理;既可以让家长参观幼儿园,也可以请家长直接参与幼儿园的教育活动等。

⑤ 对家园合作的原则理解不到位。

家园合作首先要遵守平等原则,幼儿园并不是高人一等的;其次要遵守相互尊重与合作的原则;再次要遵守便利原则。

⑥ 对教育本质认识欠缺。

家长认为既然把孩子送入幼儿园,那么教育孩子就是幼儿园的事;家长与教师"各司其职",在家归家长管,在幼儿园归老师管;教师是专业教育工作者,而家长们不懂教育。

四、材料分析题,并回答问题(每小题20分,共40分)

14.【参考答案】

（1）教师A:通过教师的干预,化解了仅有一个秋千而两个小朋友都想玩的矛盾,但是没有让幼儿充分地交流,幼儿没有自己解决问题,不利于儿童自主性和独立性的发展。(10分)

（2）教师B:通过鼓励胆小的诺诺,让其和同伴交流协商,共同解决问题,培养了幼儿的自信心、语言表达能力和独立处理问题的能力。但是在表达方式上这位老师做得不妥,应该教给幼儿协商解决问题的更合适的方法,而且用词与语气上也有改进的空间。(10分)

15.【参考答案】

（1）李老师这次活动主要解决的问题包括:(10分)

第一,解决毛毛害怕小朋友嘲笑的心理问题。教师要缓解幼儿因戴眼镜产生的不良情绪和压力,形成积极健康的情绪状态。材料中,李老师在发现毛毛的心理问题后及时采取措施加以解决。(3分)

第二,解决眼睛生病需要治疗以及治疗的方法。了解有关眼睛的健康知识,知道眼睛的基本结构以及生病时的症状,并且知道生病可以通过戴眼镜等方式进行治疗。材料中,李老师通过集体活动,使幼儿都知道眼睛生病了是需要治疗的。(3分)

第三,发展幼儿的移情能力,使幼儿能够懂得换位思考,培养良好的同伴关系。材料中,李老师通过集体活动改善了毛毛的同伴关系。(4分)

（2）李老师的做法值得我们学习的地方有:(10分)

第一,李老师具有敏锐的发现教育契机的能力。关注幼儿在活动中的表现和反应,敏感地察觉他们的需要,及时以适当的方式应答,形成合作探究式的师生互动。材料中,李老师能够及时发现毛毛的变化,并组织了教育活动解决了该问题。(3分)

第二,李老师遵循了情感支持性原则,以关怀、接纳、尊重的态度与幼儿交往。耐心倾听,努力理解幼儿的想法与感受。材料中,李老师发现毛毛的变化后主动关心去询问,了解原因并解决了问题。(2分)

第三,李老师体现了教育生活化特点。幼儿园教育活动带有浓厚的生活化特征,活动内容来源于生活,活动实施更要贯穿于幼儿的生活。材料中,李老师根据生活中幼儿对于眼睛的疾病和戴眼镜的迷惑,组织了集体活动,体现了幼儿园教育的生活化特点。(2分)

第四,李老师体现了平等的师幼关系。师幼关系是幼儿在幼儿园中的主要人际关系之一,是影响教育质量最重要的因素。民主、平等的师幼关系是预防幼儿产生心理问题的必要条件,有利于幼儿心理健康的发展。材料中,李老师时刻关注幼儿的身心发展状态,耐心地倾听毛毛的问题。(3分)

五、活动设计题(本大题1小题,30分)

16.【参考答案】

一、活动主题(1分)

有趣的萝卜。

二、活动目标(6分)

(1)在感知萝卜的基础上能描述萝卜的特征及用途,并能按萝卜的特征进行分类。

(2)在游戏中了解萝卜的生长过程,体验萝卜生长的快乐。

(3)养成乐于探索,大胆表达的意识。

(4)在活动中感受萝卜的有趣,从而产生爱萝卜的情感。

三、活动准备(5分)

(1)物质准备:信号音乐;小兔绒玩具一只;实物萝卜、空篮子、萝卜食品每桌一份;教师小结用的萝卜一份;课件"萝卜的生长过程";萝卜食品每桌一套,萝卜小制作2—3件。

(2)经验准备:幼儿对蔬菜有一定的经验,对《粉刷匠》的旋律有所熟悉。

(3)空间准备:幼儿座位呈"匚"字形摆放,操作台呈半圆形置于幼儿视线前面。

四、活动过程(16分)

(1)激发兴趣:

教师利用小兔绒玩具宣布小兔带来的喜讯。

简单介绍观察萝卜的要求。

(2)自由探索:

幼儿去看一看、摸一摸、比一比,探索萝卜的特征。

围绕问题交流发现:你看到的萝卜是长什么样的呢?

拓展幼儿对品种的认识。

利用准备好的各种萝卜小结萝卜的有趣。

(3)操作分类:

要求:小兔收了那么多萝卜,我们能不能帮它把这些萝卜分一分类呢?(小朋友按萝卜的特征来分一分、说一说)

操作指导:允许幼儿尝试错误,自觉纠正,并用语言表达分类的过程。

评价:小组代表介绍,集体评价,然后把萝卜送到小兔家。

(4)游戏体验:

商量讨论:萝卜是怎么长大的呢?

结合课件"萝卜的生长过程",让幼儿了解萝卜从小到大成长的过程。

利用《粉刷匠》的旋律,欣赏编好的《萝卜歌》,再通过唱一唱、演一演体验萝卜生长的乐趣,用身体的形态、动作创造一个个可爱的萝卜形象。

(5)品尝交流:

联系实际讲讲萝卜的用途(吃法及营养)。

幼儿品尝萝卜食品:边吃边讲萝卜的味道及加工法等。

教师小结萝卜的不同食用方法及营养,提醒孩子要爱吃萝卜、多吃萝卜,才能更聪明、更健康。

五、活动延伸(2分)

用萝卜制作各种玩具;回家与爸爸妈妈分享萝卜的奇妙。

仿真模拟练习3

一、单选(每小题3分,共30分)

1—5:AACCC 6—10:CAABA

二、简答题(每小题15分,共30分)

11.【参考答案】

(1)亲近、悦纳幼儿。(5分)

教师应当喜欢并乐于与学前儿童相处,接纳每一个学前儿童,在一定程度上要允许并宽容学前儿童所犯的错误。

(2)满足学前儿童的发展需要。(5分)

教师应当关注、觉察学前儿童发展的需要,并满足这些需要。教师在了解学前儿童的基础上了解学前儿童的需要,并对学前儿童的需要给予积极的回应。

(3)支持学前儿童的差异性发展。(5分)

教师应当尊重学前儿童的发展特点与个体差异,有效地参与和引导学前儿童的行为,形成师幼间的合作和互动,从而更好地促进学前儿童的身心发展。

12.【参考答案】

(1)《幼儿园教育指导纲要》指出"教育活动内容的组织应充分考虑幼儿的学习方式和特点,注重综合性、趣味性,寓教育于生活、游戏之中。"(5分)

(2)幼儿园教育应充分从现实生活中挖掘教育资源,把各种教育内容与幼儿现实的生活联系起来,把教育活动同幼儿现实的生活结合起来。美国教育家杜威主张"教育生活",以儿童的直接经验为起点,让儿童通过直接生活进行学习。陶行知提出"生活即教育"的思想,他认为儿童过什么生活便受什么教育,主张把教育和学习的内容扩大到整个社会和大自然中去。(5分)

(3)幼儿的学习不同于中小学生的学习,是同幼儿的一日生活紧密联系的。一日生活是幼儿学习的内容,也是幼儿学习的过程。因此,除了集体教学活动以外,在幼儿园中,一日生活的其他环节,如饮食、盥洗、游戏、散步、卫生等都是幼儿的学习活动,也是幼儿学习的内容。因此幼儿园教师在设计、组织、实施幼儿教育时,要把幼儿教育与幼儿的日常生活、幼儿的感性经验联系起来,使幼儿在一日生活中获得身体、认知、情感、社会性等方面和谐发展。(5分)

三、论述题(1小题,20分)

13.【参考答案】

(1)幼儿园教育的目标是"对幼儿实施体、智、德、美等方面全面发展的教育,促进其身心和谐发展。"我国幼儿园教育的目标体现了我国教育目的的基本精神,并兼顾幼儿教育的性质和特点,强调身体的

正常发育和机能的健全发展。(5分)

(2)教育从根本上说就是培养人,幼儿的发展有一定年龄特征和规律,是一个按照一定顺序、不断地从低级到高级发展的过程。教育目标如果不符合幼儿发展的规律,不符合幼儿个体的发展需要和可能性,就不可能变成现实。因此,教育目标的制定、教育方案的设计必须适应幼儿身心发展的年龄特征。(5分)

(3)"零岁方案""神童方案"一味地追求某个方面的发展,忽视幼儿的全面发展,违背幼儿身心发展规律,可能严重损伤儿童生长发育的自然进程,损伤儿童潜能发育,造成儿童期、青少年期乃至成人期体力、心智、能力、性格和气质发展迟缓、压抑和伤害。出自营利目的或者源自家长压力而开设的"兴趣班""特长班",表面上是培养幼儿的兴趣与特长,实际上与幼儿园教育目的背离,而且增加幼儿负担,不应提倡;但如果是出自幼儿个体的兴趣,符合幼儿身心发展的水平,那可以在学习时段内开设,但要以不增加幼儿负担为前提。(10分)

四、材料分析题,并回答问题(每小题20分,共40分)

14.【参考答案】

(1)上述活动中的家园合作方式是活动法。(10分)

活动法是指幼儿家长参与托幼机构的教育活动与管理的一种方法,依据参与目的可分为观摩、庆祝、服务、管理。本材料是庆祝性质。

(2)活动主要渗透的两个教育领域是社会领域和健康领域。(10分)

15.【参考答案】

(1)东东的行为说明他的自我意识的发展。(2分)

(2)自我认识的发展。(6分)

东东在经过说服后,明白了道理,这是他对自己行动的意识和对自己内心活动的意识。

(3)自我评价的发展。(6分)

东东没有得到小红花,则不肯回家。后来每天都问老师:"我今天表现好吗?"当老师说他有进步,给他一朵小红花时,东东高兴极了,表明他还没有独立的自我评价,主要依赖于成人对他的评价。

(4)自我调节的发展。(6分)

东东从第二天起,自觉控制自己的行为,表明他不但能够根据成人的指示调节自己的行动,而且有自己的独立性,力求为满足自己的需要而改变周围环境。

五、活动设计题(本大题1小题,30分)

16.【参考答案】

(1)设计意图:(4分)

①落实《幼儿园教育指导纲要(试行)》的要求。

《纲要》规定:"家庭是幼儿园重要的合作伙伴,应本着尊重、平等、合作的原则,争取家长的理解、支持和主动参与,并积极支持、帮助其提高教育能力。"

②加深家长对亲子活动的教育价值。

许多家长不太重视亲子活动的教育价值,因而忽视与孩子的交往,失去良好的教育机会。

③帮助家长学习亲子游戏的方式、方法,使家长对亲子活动的目的、材料准备、过程、如何引导活动等有了更详尽的了解。

④家长通过观察、亲身体验,感受如何引导孩子参与亲子活动,从而促进幼儿发展。

(2)运动项目:(16分)

活动1:

名称:蜈蚣竞走。

材料:哨子,彩色线两根。

玩法:

① 16名幼儿、16名家长,分两组进行,每组8人。分别站在场地的两侧,起跑线后。

② 听到老师口令,各组一路纵队蹲下,后面人双手扶前面人的腰间。听到信号后,幼儿组同时由起点出发,步调一致到达对面,家长按幼儿组的口令返回起点。

③ 先到达终点的组为胜。

规则:

① 在行进过程中,必须保持下蹲姿势,手扶在前面人腰间,不得松开;若松开,退回起点重新开始。

② 每组最后一个人过线后,另一组方可进行。

活动2:

名称:接力赛跑。

材料:皮球四个。

玩法:

① 每班11名幼儿、11名家长,分别站在场地的两侧,成一列纵队。

② 听到裁判口令,家长抱球跑到对面,把球放到幼儿手中。

③ 幼儿接住球后抱球跑到对面,把球传给家长,依次往返。

④ 最先跑完为胜者。

规则:

① 双手抱球,若中途球落地,捡起后返回原地接着跑。

② 传球过程中不得抛球,必须过终点线方可传球。

(3)家长工作要点:(5分)

① 家长要按照园内要求的时间准时带孩子到达运动会地点,过时间不予等候。活动前一天保证幼儿充足的休息睡眠,以保证运动会当天幼儿以饱满的情绪参加运动会。

② 升旗、亲子操及亲子运动项目时,务必根据教师指令快速到达指定地点,请家长全情投入运动会中,为幼儿做良好的榜样。

③ 比赛期间请家长看管好自己的孩子,陪同幼儿的家长请不要带幼儿在运动场地上随意走动,配合保持会场秩序。

④ 本次活动的主题是"我运动,我健康""我运动,我快乐",本着"友谊第一""比赛第二"的良好心态参加比赛,一定要注意孩子的安全。

⑤ 为了给孩子建立环保意识,请保持场地卫生,请家长提前准备一个垃圾袋,结束后把自己所在区域垃圾整理干净。

⑥ 运动会项目结束后,请家长(穿亲子服)配合集体合影留念,然后领取园内准备的运动会礼物,并到本班教师处签到后方可自由活动。

(4) 实施注意事项：(5分)

① 事先熟悉活动地点的环境，了解周围是否有安全隐患。若有，应及时整改。

② 做好活动的组织工作，强化活动纪律，确定负责人，事先制订好计划。照顾幼儿安全，注意幼儿离园的安全。

③ 对幼儿进行安全教育、纪律教育，各班教师随时清点幼儿人数，游戏活动强度应适中，教师应时刻关注幼儿在游戏中的表现，发现异常，及时给予关注。

④ 活动时，要及时提醒幼儿安全第一，比赛第二。

仿真模拟练习 4

一、单选（每小题3分，共30分）

1—5：ADCAA　6—10：BDDCC

二、简答题（每小题15分，共30分）

11.【参考答案】

(1) 从对话言语逐渐过渡到独白言语。(3分)

① 儿童的语言最初是对话式的，只有在和成人互相交往中才能进行；

② 幼儿期对话言语有进一步发展，这和儿童与成人关系的变化，以及儿童活动的发展相联系；

③ 独白言语是在幼儿期产生的。

(2) 从情境言语逐渐过渡到连贯言语。(4分)

① 3岁前儿童的言语主要是情境言语；

② 随年龄增大，情境言语比重下降，连贯言语比重上升。

(3) 讲述逻辑性逐渐增强：主要表现在讲述的主题逐渐明确，层次逐渐清楚。幼儿讲述逻辑性的发展需专门培养。(4分)

(4) 逐渐掌握语言表达技巧。(4分)

在专门的教育下，幼儿的表述逐渐完整、连贯、清晰而有逻辑，而且能够根据需要恰当地运用声音的高低、强弱、大小、快慢和停顿等语气和声调的变化，使之更生动、更有感染力。

12.【参考答案】

(1) 创设优美、整洁的物质环境。(5分)

(2) 创设幼儿园与成人之间和谐的精神环境。(5分)

(3) 建立安全、温暖、互相信任的幼师关系。(5分)

三、论述题（1小题，20分）

13.【参考答案】

(1) 时间安排应有相对的稳定性与灵活性，既有利于形成秩序，又能满足幼儿的合理需要，照顾到个体差异。(5分)

(2) 教师直接指导的活动和间接指导的活动相结合，保证幼儿每天有适当的自主选择和自由活动时间。教师直接指导的集体活动要能保证幼儿的积极参与，避免时间的隐性浪费。(5分)

(3) 尽量减少不必要的集体行动和过渡环节，减少和消除消极等待现象。(5分)

(4) 建立良好的常规，避免不必要的管理行为，逐步引导幼儿学习自我管理。(5分)

四、材料分析题，并回答问题（每小题20分，共40分）

14.【参考答案】

(1) 违背游戏的主体性原则。(5分)

当蓉蓉与恒恒在角色扮演的问题上发生争抢时，老师更好的方法是让幼儿自己去协调解决，而不是武断干预，要求平时自控力差一些的恒恒去担任"挂号"工作，这样会伤害幼儿的游戏积极性。

(2) 妨碍游戏社会化的功能发挥。(5分)

促进儿童的社会化发展是游戏的一大功能。当蓉蓉与恒恒发生争抢时，就等于制造了一个社会情景，这时老师应该积极利用这个环境，给幼儿提供相应的建议，让他们自己化解矛盾，学会如何合作，发展人际交往能力。

(3) 指导方法欠佳。(5分)

案例中，老师直接建议恒恒去做他不想做的"工作"——"挂号"，因而使幼儿失去了自己去解决问题的机会。其实完全可以建议他们用其他方法解决。如提醒、建议幼儿用猜拳、轮流、推选、自荐、投票等方法公平地分配角色。这样才能促进幼儿能力的自主发展。

(4) 老师扮演游戏指导者的角色，使恒恒得到积极的情感体验。(5分)

案例中的老师尽管指导方法有些欠妥，但她一直扮演观察者和游戏指导者的角色，而且一发现问题就立即干预，尽职尽力。最后，由于恒恒坚持到底，还特别表扬恒恒能够"坚守岗位"，让恒恒得到一种良好的情绪体验。这些都是应该肯定的。

15.【参考答案】

(1) 老师的行为评价：(5分)

① 社会交往能力是儿童社会性发展的重要标志，也是儿童进入社会后的基本生存能力之一，所以在儿童心理发展中处于极为重要的地位。

② 儿童的社会性发展，是一个主动建构的过程，成人只能施加影响，而不能代替。

③ 该老师在孩子间发生矛盾时，因不了解情况，而没有妄下论断斥责孩子，也没有过多地"勉强"孩子。这是尊重孩子的体现。但在某种程度上说是失职的行为。该老师应该：仔细观察，了解情况；根据实际情况，及时指导；对主动说明问题的孩子予以积极的评价；处理好家长的情绪，而不能让她擅自批评另外一个小朋友。

(2) 奶奶的行为：(5分)

① 奶奶具有初步的培养孩子交往能力的意识。每次来园时，她带着孩子来都要求孩子主动与老师打招呼问好，对于一个内向的孩子来说，即使是一句简单的问候，也为交往走出了第一步。

② 奶奶陷入了"包办代替"的误区。孩子间发生冲突时，应由孩子自己去处理，而不能包办。

③ 她的行为对孩子造成了消极影响，不利于儿童交往能力的形成。张菁依会感觉到与同伴交往的不安全因素，阻碍她与他人交往；陈郁婷在这次与成人的不平等交往中感到了委屈和无奈，会产生不良的交往恐惧。

(3) 孩子的行为：(5分)

① 孩子有交往的需要，而且开始与同伴交往。

② 在与同伴交往中出现小冲突,这是正常的。
③ 两个孩子都缺乏交往的经验。
④ 出现交往的冲突时,应该试着自己解决而不是求助大人。
(4) 幼儿的交往能力的形成需要幼儿园、家庭和社会密切合作,协调一致。所以,家长、教师应共同扮演好幼儿交往的"支持者、合作者、引导者"的角色,尤其是教师作为专业人士,更应在其中发挥积极作用。(5分)

五、活动设计题(本大题1小题,20分)

16.【参考答案】
(1) 问题分析:(6分)
① 存在两个问题:
一是吃饭的技能问题:有部分幼儿可能缺乏吃饭的必要技能。
二是吃饭的良好习惯未养成:边吃边玩,挑食。
② 可能的原因:
一是小班幼儿的特点:一般地,小班幼儿会存在分离焦虑。
二是家庭教养方式:家长太宠爱,根据幼儿的爱好选择食物,结果养成挑食的毛病,缺乏吃饭习惯与技能的训练,如没有让幼儿自己吃饭,而是大人喂;边吃边玩等等。
三是幼儿园的保教存在缺陷:如教师缺乏必要的引导,幼儿园的餐食不够吸引儿童等等。
(2) 教育目标:(6分)
① 让幼儿了解进餐的重要性。
② 培养幼儿良好的进餐习惯。
③ 掌握必要的就餐技能。
④ 在活动中培养幼儿在其他一日生活活动中的良好习惯。
(3) 解决方法:(8分)
① 教师的正确引导。
② 在游戏活动中明白吃饭的意义,在吃饭的实践中养成吃饭的基本规范,掌握吃饭的基本技能。
③ 改变餐食的设计,使之更具吸引力,引发儿童的食欲。
④ 教师多与家长沟通,在平时的生活中培养儿童良好的进餐习惯。

仿真模拟练习5

一、单选(每小题3分,共30分)

1—5:AAACA 6—10:CBAAD

二、简答(每小题15分,共30分)

11.【参考答案】
(1) 词汇数量的增加。(3分)
(2) 词类范围扩大。(4分)

(3) 词义的深化。(4分)
(4) 不同词类词义的掌握。(4分)

12.【参考答案】
(1) 评价目标要符合幼儿身心整体发展原则。
(2) 评价内容及方法要符合幼儿的年龄特点。
(3) 评价时要找幼儿的优点,发现和发挥幼儿的潜能。
(4) 评价要尊重幼儿的个体差异。
(5) 评价时要给予幼儿足够的参与机会。
(6) 评价要搜集不同方面的资料。
(7) 评价的结果要清楚、有系统,并正面地告诉家长。
(每小点2分,满分为15分)

三、论述题(1小题,20分)

13.【参考答案】
(1) 幼儿是整体的人。(5分)
(2) 学前教育的目的是促进儿童体智德美全面发展。(5分)
(3)《3—6岁儿童学习与发展指南》强调幼儿学习与发展的整体性原则。(5分)
《指南》从健康、语言、社会、科学、艺术五个领域描述了幼儿的学习与发展,每个领域在实施过程中都不是孤立的,儿童的发展是一个整体,注重各领域目标间的相互渗透和整合,促进幼儿身心全面协调发展。
(4) 儿童的发展是一个整体,要注重领域之间、目标之间的相互渗透和整合,促进幼儿身心全面协调发展,而不应片面追求某一方面或几方面的发展。(5分)
(如不结合实例说明酌情扣3—4分)

四、材料分析题,并回答问题(每小题20分,共40分)

14.【参考答案】
黄老师的行为需要辩证地看待。有一部分违背了《教师职业道德规范》,另一个部分符合《教师职业道德规范》中的要求。首先,黄老师做到了爱岗敬业。要求教师勤恳敬业,对工作高度负责。材料中黄老师面对幼儿提出的问题积极去解决引导,实际上是敬业的体现,但在一开始时方法不当,经过反思后积极改正了自己的教学行为和方法。其次,黄老师做到了关爱学生。要求教师关心爱护全体学生,尊重学生人格,平等公正对待学生。对学生严慈相济,做学生良师益友。材料中,黄老师一开始二话不说就认为是淘气的涛涛做坏事,没有尊重涛涛的人格尊严,并且还在全班公开发表威胁言论。后来看到孩子们的神情紧张后反思改正,用悄悄话的形式引导小军承认错误。再次,黄老师做到了教书育人。要求学生遵循教育规律,循循善诱,诲人不倦,因材施教。培养学生良好品行。材料中,黄老师经过反思后引导小军承认错误后向小琳道歉,在培养小军的良好品行。再次,为人师表。要求教师严于律己。以身作则,语言规范,举止文明。材料中,黄老师说被老师发现了你们就惨了的言论是带有威胁含义的,不符合教师职业道德规范,后来反思改正后,言行举止更为文明、柔和,孩子们也更愿意听从。总之,我们在今后的教育教学生活中,要以黄老师优秀的行为作为榜样学习,错误的行为加以避免。

15.【参考答案】
(1)幼儿记忆的总特点:(4分)
① 以无意记忆为主,有意记忆逐步发展;
② 以机械记忆为主,识记和遗忘速度快;
③ 以形象记忆为主,语词记忆逐步发展;
④ 记忆不精确,是一种自传体记忆。
(2)根据上表分析幼儿记忆的特点:
① 幼儿的记忆以形象记忆为主,语词记忆开始发展。(4分)
幼儿的记忆以熟悉物体的记忆为主,但到了中班和大班也能记住部分生疏的语词。
② 形象记忆效果高于语词记忆的效果。(4分)
三个年龄阶段的形象记忆结果都比语词记忆结果好。特别是关于生疏词汇的记忆远远不如熟悉物体的记忆。
③ 形象记忆和语词记忆的能力都随着年龄的增长而不断提高,而且语词记忆的发展速度大于形象记忆,语调记忆的效果逐渐接近形象记忆的效果。(4分)
④ 幼儿对生疏的词的记忆效果还比较差,虽然有所发展,但水平仍然较低。(4分)

五、活动设计题(本大题1小题,30分)

16.【参考答案】
(1)活动总目标:(4分)
① 了解生活中一些常见的工具,知道它们的名称及用途。
② 学习常见工具的使用方法,知道如何正确地使用工具。
③ 能正确地选择和使用工具,体验工具给人们生活带来的方便。
④ 乐意和老师、同伴一起探究,在活动中体验观察和探索的乐趣。
(2)具体活动方案:(16分)

一、活动名称(1分)
小工具用处大(大班科学)。

二、活动目标(3分)
(1)认识几种常见的工具,知道它们的名称与用途。
(2)能根据操作对象选择恰当的工具,并能够正确使用。
(3)知道如何安全地使用工具。
(4)认识和感受工具给人们带来的方便。

三、活动准备(2分)
(1)一篮黄、绿混合的豆子;一盆米;四个装着棉球的小口瓶子;四个掉了螺丝的玩具。
(2)镊子、起子、筛子、漏斗等工具。
(3)记录表、多媒体课件。

四、活动过程(主要环节)(10分)
(一)创设情境,激发兴趣
① 教师出示一个用透明胶带密封的大纸箱,请幼儿帮忙把箱子打开。

② 请两名幼儿尝试徒手打开箱子未成功,从而引导幼儿回忆相关生活经验。
③ 教师使用小刀打开了箱子,幼儿初步感知工具的作用。
(二)发现问题,大胆猜想
① 教师从箱子里取出一系列材料,请幼儿帮忙完成四个任务:"在三分钟的时间里把黄豆和绿豆分开,把棉球从瓶子中取出,把米装进瓶子,把玩具修好。"
(材料:一篮混合着黄豆、绿豆的豆子,几个装有棉球的小口瓶子,掉了螺丝的几个小玩具以及脱落下来的小部件,小螺丝,一盆大米和一些饮料瓶)
② 幼儿分小组自由选择一项任务,徒手操作。(三分钟音乐计时)
③ 教师提出问题:"为什么我们没能完成任务?"
④ 鼓励幼儿大胆猜想:"有没有什么东西可以帮助我们,让我们能比较容易地完成这些任务呢?"
(三)操作体验,验证猜想
① 教师逐一出示并介绍:漏斗、筛子、镊子、起子、塑料小篓子等小工具。
"这些工具中哪一件可以帮助你完成任务?"
② 幼儿分组讨论,选择工具。
③ 幼儿使用工具操作,计时音乐和上次相同。
(四)依据记录,交流分享
① 请幼儿用记录表记录、交流使用工具的情况。
② 教师和幼儿讨论两次操作的体会和认识。
教师:"为什么在同样的时间内,我们第一次不能完成任务,而第二次能顺利完成任务?"
总结:工具用处大。
(五)拓展延伸,提升经验
播放一段有关"助老机器人"——"智能轮椅"的录像。这种轮椅可以自动运行,并根据语言指令转弯,它为行动不便的老人和残疾人外出带来很大的方便。帮助幼儿体验和积累"高科技的工具比一般的工具更为便利"的经验。

(3)两个活动方案:(10分)

子活动1:

活动名称:(2分)
小工具的本领(大班音乐)。

活动目标:(3分)
① 乐意在情境中随着乐曲尝试表现小工具的本领。
② 知道根据不同的工具选用不同的动作。
③ 感受与同伴合作律动的乐趣。

子活动2:

活动名称:(2分)
漂亮的工具(大班美术)。

活动目标:(3分)
① 尝试用图画展现生活中常见的彩色工具。
② 能用多种颜色画出常见的工具,体现出工具的形状特征。

③ 通过美术活动善于发现生活中的美。

仿真模拟练习6

一、单选（每小题3分，共30分）

1—5：BACAC　6—10：BCBCB

二、简答题（每小题15分，共30分）

11.【参考答案】

（1）教师方面：①有原则地满足幼儿的需求；②全盘接纳的态度；③建构性提议；④提供宣泄场合；⑤再现情景。（5分）

（2）家庭方面：①营造乐观的家庭氛围；②做好情绪的榜样；③帮助幼儿学会表达积极的情绪。（5分）

（3）婴幼儿方面，大班幼儿自我调节能力有了进一步的发展，因此可以采用以下三种方法：①反思法；②自我说服法；③想象法。（5分）

12.【参考答案】

（1）创设游戏环境。

（2）提供游戏材料。

（3）指导和促进游戏的开展。

（4）需要时参与游戏活动。

（5）观察和评估游戏。

（每小点3分）

三、论述题（1小题，20分）

13.【参考答案】

（1）幼儿教育是一切教育的基础,重视幼儿教育的重要性。

（2）强调"做"为主，在做中教，做中学，做中求进步。

（3）提出"整个教学法"，所谓"整个教学法"就是把儿童所应该学的东西结合在一起，完整地、有系统地教授儿童。

（4）提出"活教育"思想，指出"大自然，大社会，都是活教材""活教育的课程是把大自然、大社会作为出发点，学生在自然和社会中学习"。

（5）反对以教师为中心或儿童为中心的倾向，强调教师对幼儿的指导作用。

（6）提倡适合国情的幼儿教育，反对照搬外国教材、教法。

（7）指出儿童教育是幼稚园与家庭共同的责任，提倡家庭与幼稚园的配合。

（每小点2分，展开说明6分）

四、材料分析题，并回答问题（每小题20分，共40分）

14.【参考答案】

（1）龙龙的表现：（10分）

① 龙龙的表现说明其明显处于具体形象思维阶段。

② 龙龙的思维活动具有固定性和不可逆性。

（2）在教育策略上可做以下尝试：（10分）

① 有意识地引导龙龙从多角度思考问题，鼓励龙龙无拘束地讨论问题。

② 让龙龙在生活实践中取得丰富的知识经验。

③ 在日常生活中有意识地让龙龙通过自己的实践，对外界事物进行分析、综合，提高判断、推理和理解的水平。

④ 可以结合日常生活给龙龙准备各种材料，引导他进行逆向思维。

15.【参考答案】

（1）郭老师不应投放"面包车"的绘画步骤图。（10分）

《3—6岁儿童学习与发展指南》指出，"幼儿艺术领域学习的关键在于充分创造条件和机会，在大自然和社会文化生活中萌发幼儿对美的感受和体验，丰富其想象力和创造力，引导幼儿学会用心灵去感受和发现美，用自己的方式去表现和创造美"，"幼儿绘画时，不宜提供范画，特别不应要求幼儿完全按照范画来画"。郭老师提供"面包车"的绘画步骤图，鼓励每个幼儿根据步骤图画出汽车。这样做会束缚幼儿的思维，扼杀幼儿的想象力和创造力，同时也不利于活动的趣味性开展和启发性引导。所以，郭老师不应提供"面包车"的绘画步骤图。

（2）如果我是郭老师，我会采取以下措施：

① 在绘画前使幼儿回归生活，鼓励幼儿在生活中细心观察、体验，为艺术活动积累经验与素材。如引导幼儿观察各种车的形态、结构等。（3分）

② 在绘画过程中引导幼儿欣赏相关绘画作品，启发幼儿想象和创作，鼓励幼儿用自己喜欢的方式去模仿或创作，对幼儿不做过多要求。（3分）

③ 幼儿创作完成后肯定幼儿作品的优点，用表达自己感受的方式引导其提高。（3分）

总之，幼儿艺术教育的关键在于培养幼儿感受美、表现美、创造美的能力，教师应尊重并支持幼儿自发的表现和创造，促进其想象力和创造力的发展。（1分）

五、活动设计题（本大题1小题，30分）

16.【参考答案】

一、活动名称（1分）

小小营业员。

二、活动目标（6分）

（1）了解商店的基本情况，知道对待顾客的基本态度，并能创造性地表达营业员和顾客的现实生活。

（2）通过想象，并结合自己的生活经验，不断加强各角色间的联系，丰富游戏的情节。

（3）学会协商分配角色，能与同伴联合游戏，增强规则意识，形成良好的交往意识。

（4）巩固听到信号马上和同伴共同收拾玩具的习惯。

三、活动准备（5分）

（1）物质准备：

师幼共同收集商店中所需的各种商品，电话板，表演区中的服装、表演道具等角色所需的物品。

（2）经验准备：

幼儿有过和爸爸妈妈一起逛商店、打电话、表演的生活经验。

四、活动过程(16分)

(1) 谈话引入。

师：我们的商店在上个星期就布置好了，商店很漂亮。我们的商店今天就要开张了，如果你是商店的小老板，有顾客来了怎么办？

师：如果有的顾客买了东西觉得不满意，你会怎么做？

引导幼儿说说各自的想法。

(2) 协商分配角色，布置商店。

师：我们的商店开张了，你们想要在商店里扮演什么角色？

师：我们的商店还需要什么呢？我们要怎样来布置商店呢？

(3) 幼儿游戏，老师指导。

师：我想买冰红茶，你们这儿有哪些品种呀？

师：你的冰红茶怎么卖？可以便宜一些吗？

师：我昨天在你们这儿买的饼干是过期的，你们说该怎么办呢？可以换吗？

(4) 加强各角色区的联系，丰富游戏情节。

老师引导幼儿大胆地进行游戏，加强各角色间的联系。

(5) 结束：收拾游戏场地，引导幼儿参与评价。

你玩得开心吗？遇到什么困难？你是如何解决的？

五、活动延伸(2分)

跟爸爸妈妈到商店买东西，并尝试自己独自去买东西。特别注意与营业员之间的对话。